商业新闻出版公司和轻松读文化事业有限公司提供内容支持

给理财上把安全锁

浓缩书编辑部　编

U0921082

中国盲文出版社

图书在版编目（CIP）数据

给理财上把安全锁：大字版 / 浓缩书编辑部编. —北京：中国盲文出版社，2015.12

（速读大师）

ISBN 978—7—5002—6944—1

Ⅰ. ①给… Ⅱ. ①浓… Ⅲ. ①金融投资 Ⅳ. ① F830.59

中国版本图书馆 CIP 数据核字（2015）第 322365 号

本书由轻松读文化事业有限公司授权出版

给理财上把安全锁

编　　者：浓缩书编辑部
出版发行：中国盲文出版社
社　　址：北京市西城区太平街甲 6 号
邮政编码：100050
印　　刷：北京汇林印务有限公司
经　　销：新华书店
开　　本：787 × 1092　1/16
字　　数：80 千字
印　　张：13.5
版　　次：2017 年 3 月第 1 版　2017 年 3 月第 1 次印刷
书　　号：ISBN 978—7—5002—6944—1/F · 115
定　　价：34.00 元
销售热线：（010）83190289　83190292　83190297

版权所有　侵权必究　　　　**印装错误可随时退换**

出版前言

数字文明为我们求知问道、拓展格局带来空前便利，同时也使我们深受信息过剩、知识爆炸的困扰。面对海量信息，闭目塞听、望洋兴叹固非良策，不分主次、照单全收更无可能。时代快速变化，竞争不断升级，要想克服本领恐慌，防止无知而盲、少知而迷，需尽可能将主流社会的最新智力成果内化于心、外化于行，如此才能更好地顺应时代，提高成功概率。为使读者精准快速地把握分散在万千书卷中的新理念、新策略、新创意、新方法，我们组织编写了这套书。

这套书旨在帮助读者提高阅读质量和效率。我们依托海内外相关知识服务机构十多年的持续积累，博观约取，从经济管理、创业创新、投资理财、营销创意、人际沟通、名企分析等方面选取数百种与时俱进又经世致用的好书分类整合，凝练出版。它们或传播现代经管新知，或讲授实用营销技巧，或聚焦创新创业，或分析成功者要素组合，真知云集，灼见荟萃。期待这些凝聚着当代经济社会管理创新创意亮点的好书，能为提升您的学识见解和能力建设提供优质有效便捷的阅读资源。

聚焦对最新知识的深度加工和闪光点提炼是这套书的突出特点。每本书集中解读4种主题相关的代表性好书，以“要点整理”“5分钟摘要”“主题看板”“关键词解读”“轻松读大师”等栏目精炼呈现各书核心观点，崇真尚实，化繁为简，您可利用各种碎片化时间在赏心悦目中取其精髓。常读常新，明辨笃行，您一定会悟得更深更透，做得更好更快。

好书不厌百回读，熟读深思子自知。作为精准知识服务的一次尝试，我们期待能帮您开启高效率的阅读。让我们一起成长和超越！

目 录

投资不是“必然性”的游戏，在极为复杂的资本投资市场寻求“绝对”不仅徒劳无功，还会使投资人落入一系列陷阱。成功投资的真谛在于识破误解、积累经验，进而减少犯错。通过推翻错误的投资认知、打破华尔街的固有观念、慎思“人尽皆知”的道理、冷静对待没有事实依据的传言和着眼全球市场，投资人可大大增加自己的理财胜算。

投资人常将自己的财富未来托付给头顶光环的华尔街经纪人或理财顾问。而事实上，这些人存在的目的并不是成人之美，他们的专业知识也不足以完成这项任务——华尔街精英最擅长的其实是发明各种金融商品和开展强大的推销攻势。因此，投资人作决定前不妨先花时间洞察华尔街的工作原理、金融商品、营销手段等，为自己的投资理财保驾护航。

科技的发展使华尔街发生了深刻变化，计算机及买卖信号传输网络成为了股市交易的核心。交易信号到达各个交易所的时间不同，这以微秒计的时间差根本不为一般人所察觉，却给了交易所大发横财的机会。迈克尔·刘易斯将神秘的“高频交易”操作呈现给读者，并与同伴共同发起了一场抵制这种盘剥投资人行为的战争。

扩大收入＋控制支出＝增加储蓄和投资。请不要再醉心于通过投资暴富，辛勤劳动和广辟财源才是致富关键。除了本职工作，还有许多途径可以帮我们增加收入，如购房出租、撰写文案、从事个人出版、打造网络事业等。无论是开发个人兴趣和才华，还是将时间、资本投入低风险、可创造收入的事务，都将为您通向富裕未来铺就道路。

直击投资真相

拆穿华尔街陷阱，收获智慧投资

Debunkery

Learn It，Do It，and Profit from It——
Seeing Through Wall Street's
Money-Killing Myths

原著作者简介

肯·费舍尔（Ken Fisher），毕业于美国洪堡州立大学，为《福布斯》杂志的投资组合策略专栏撰稿超过25年。他是理财投资公司“费舍尔投资”的创办人、董事长兼CEO，该公司管理的资金超过320亿美元。费舍尔本人名列2010年“福布斯美国400富豪榜”以及“福布斯全球亿万富豪榜”。在此之前他已有6本著作问世，包括《投资最重要的三个问题》、《踏上富裕之路》以及《如何嗅出异常》。

劳拉·霍夫曼斯（Lara Hoffmans），毕业于美国圣母大学，是费舍尔投资公司的内容经理，也是该公司的特约编辑，曾与费舍尔合著《投资最重要的三个问题》、《踏上富裕之路》以及《如何嗅出异常》。

本文编译：薛怡心

主要内容

在投资的世界中步步为营

要想投资成功，必须避免多数人常犯的错误。投资人总是要求“绝对”，但世间根本无所谓绝对——就算是最厉害的投资人，准确率也只有七成。你的目标不该是“绝不犯错”，而是要随着时间积累愈来愈多的经验，让决策“对多于错”。要减少犯错的几率，就要识破电视上那些传统投资建议的虚妄，独立思考。华尔街能欣欣向荣，靠的就是投资人对市场及市场运作的错误认知。要想投资有成效，你得作好准备，善用华尔街拿来对付你的东西——你的直觉、本能反应与常识，破解过去种种谬误，作出更好的投资决定。

一　推翻错误的投资认知

谈到投资，我们脑中往往有许多根深蒂固的错误认知，对此我们无法控制，甚至不知道自己在投资方面有这些误解。千万别忘了，人类的创意是无限的，人类的创造力终将反映在某些公司未来的收益上。这些公司纵使偶尔遭遇挫败，但长期来看必能翻升。投资需要胆识、自制力以及像鳄鱼一样坚韧的厚皮。

陷阱 1　债券必定比股票安全

债券之所以感觉“比较安全”，是因为债券保证固定利率。但问题是，短期而言债券也可能赔钱，尤其是遇到通货膨胀的时候。以 2009 年为例，全球股票上涨 30% 的同时，债券却跌了 9.5%。股票的波动固然要比债券剧烈，但长期看来（以 80 年为期），股票往往能打败通货膨胀，创造可观的利润。股票之所以比债券安全，原因在于长期而言股票的增值更稳定。

陷阱 2　债券的投资人睡得比较安稳

这句话的意思是，会因担心投资以至于辗转难眠的人，应该投资债券而非股票。过去 30 年间，美国股值上涨了 2509%，债券的获利则只增加了 524%。换句话说，97% 的时间内股票的表现优于债券，且利润为债券的 3.7 倍。债券只在 3% 的时间里赢过股票，而且其利润也只有股票的 1.1 倍。若说有谁睡得不安稳，应该是那些为了看似较低的波动率而舍弃长期丰厚获利的债券持有人。想要得到股票的获利，就必须禁得住股票的短期波动，别无他法。

关键思维

如果有人向你推销某类金融商品，其获利和股票一样，风险却明显低于股票，那对方八成是骗子。你被骗的几率达 100%，这当然会使你辗转难眠。

——肯·费舍尔

陷阱3　退休的人投资务必要保守

大家常说，即将退休的人应该以公债加现金作为投资组合。这是无稽之谈，因为这么做并未考虑其中隐含的所有风险。首先，你（或你的配偶）可能比预期多活10～20年，你绝不希望七老八十却空无资产。其次，债券到期时的市价有可能低于原价。再次，你可能错失投资成长型股票的机会。最后，未来有可能发生通货膨胀。现实是：不愿承受风险，你的资产就不会成长。资产没有成长，投资组合的价值就会被提款和通货膨胀掏空。就算你即将退休，还是必须往长远看，把部分投资组合投入股票。唯有如此，你的余生才可能衣食无忧。

陷阱4　资产配置应随年龄而改变

汗牛充栋的书籍和数不胜数的投资专家都建

议你：投资策略应随年龄改变。然而事实是：年龄固然是一个因素，但不是最关键的。决定资产配置策略时，还要考虑下述 3 大要素：

（1）时间长度，即你需要资产延续多久。你总不希望资产比你或你的配偶更加短命吧。

（2）获利预期。多数人都期待资产能够成长以抵抗通货膨胀，让老年的生活愈优渥愈好。

（3）现金需求，即你的投资组合是否需要支付未来的生活或其他开销。

陷阱 5　年年获得高额收益大有机会

骗子会告诉你，年年获得高额的收益是有可能的。这完全是胡扯，想要每年获利都高于平均值是痴人说梦，办不到的。事实上，能获得正常的投资收益已是例外，并非常态。研究股市的长期表现你会发觉，有 2/3 的时间股票不是飙涨就是大跌。要想获得 10% 的年均收益，必然有某几年大赚，某几年令人不堪回首。波动是无可否认的投资现实。

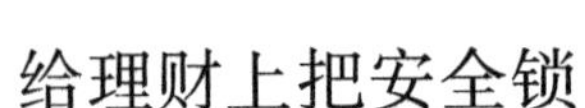

关键思维

就我所知，从来没有人能只获得与市场一致的收益率，却从没遭遇过与市场一致的赔损。如果想获得接近股市长期平均值的投资收益，就必须接受市场下跌的波动，这是躲不掉的。

——肯·费舍尔

陷阱6　有办法“既保本又增值”

想要保本同时又增值是不可能的事。这两种投资策略截然相反，就算只想让资本获得些许成长，你都必须承担一些风险，同时必须放弃单纯的保本策略。若有任何人表示，可用一笔投资做到“既保本又增值”，那必定是胡诌——不是信息有误，就是信口开河。

关键思维

历史告诉我们，要使资本增长且顺带保本，

最好的办法就是投资股票，而且要做长期的投资。

——肯·费舍尔

陷阱 7　相信你的直觉准没错

你是否曾经感觉该买进某只股票但没买，后来它真的飙涨了 300%？这是不是表示，跟着感觉走的投资策略其实比较好？这个问题在于我们对于投资都有选择性记忆：只记得自己错失的获利，潜意识里却忽略了因为按照策略投资、未凭一时兴起胡乱砸钱而避开的损失。后见之明和选择性记忆都是人之常情，别以为直觉能让你预知未来，你的直觉与走街串巷的相师没两样。不管有没有买进卖出，短期震荡都一定会发生。有时，最好的赚钱之道就是什么都不做，以静制动，就算你的直觉不断催促着你“做点什么，什么都好”。

陷阱 8　一次大惨跌，你就玩完了

熊市（空头市场）不仅令投资人伤心，也是对投资人的一大考验。然而历史显示，大利空之后总会出现大利多。市场走势必然如此，因为长久来看，资本始终强过任何政治人物、社会趋势，甚至政府意愿。牛市（多头市场）要比多数人所认为的持续得更久而且更强劲。别以为市场会一蹶不振。

陷阱 9　先确认是牛市，再投入市场

想要精准算出熊市何时触底是不可能的，因为熊市结束前会出现剧烈震荡和令人心痛的大波动。然而，新一波牛市总会以迅雷不及掩耳的速度来临，且力道强劲，足以消弭之前的投资赔损。因此，切莫等待“警报解除”的信号——那根本就不存在。如果有那种信号，所有投资人早就熟知且广泛应用了。早一点投入市场总比晚一点好，你或许仍需忍受一些波动，但那是最终获利的唯一方法。

陷阱 10　每年都选同一种投资类型就好

多数投资人都有自己偏爱的投资模式——大型股、小型股、小型价值股或更精细的专门领

域。基于各种理由，世人对于不同投资类型的喜好总是变来变去，今年的热门类型明年可能完全冷却，反之亦然。成长型股票永远都是最好的——这是胡扯。没有哪种投资类型永远优于其他类型，每一种类型都会暂时成为闪光灯的焦点，接着便回归长期平均值。千万不要只对某种投资模式、类型或产业情有独钟，因为市场龙头向来是大家轮流做，未来也将如此，这就是投资游戏的本质。

陷阱 11　厉害的投顾骗子难辨真假

与一般的看法恰恰相反，要察觉想坑你钱的骗子其实相当容易：

（1）这名投资顾问想要全权管理你的资产，自行决定何时买进卖出，而无需你签字同意每一笔交易。

（2）对方声称的投资收益好到难以置信。确实不能信，因为要么他们给你的财务报表是捏造的，要么是在进行“庞式骗局”，拿新受害者的钱作为你的投资收益。

（3）无法清楚解释其投资策略。在你这个投资人看来，那项投资策略不是太过含糊笼统，就是太过复杂难懂。

（4）标榜自己为某一群“不便公开”的权力人士效力——那些人的人脉广阔，因此能参与别人无法参与的交易。

（5）你因为权威人士的推荐，而想聘请对方作为投资顾问，但其实对他并不了解。

所有征兆都很重要，但其中最重要最可怕的信号是第一项，这是这类骗局中的固定桥段。如果对方在第一项之外还出现其他任何一项，你得赶紧把钱拿回来——如果还拿得回来的话。应对方法很简单：聘请投资顾问替你作投资决定时，不要给对方动用你资产的权限。替你管理资产与替你作投资决定必须区分清楚，资产管理人要像看门狗一样看紧资产。划清权责可促进诚信，以免遭遇“庞氏骗局”。

投资是或然性而非必然性的游戏。本书包含了这几年我最常遇到的一些错误认知，相信也是你最常见的。能够认清多数人的错误观念，就会是投资的赢家。

——肯·费舍尔

二　破解华尔街过往的观念

无论如何粉饰，华尔街其实就是利益冲突的大本营。无可否认，华尔街的工作就是帮资本运作筹集必要的资金，但可别囫囵吞下华尔街散播的每一个观念。要看穿那些烟幕，我们要提醒自己：尽管华尔街看似充满了绝佳的投资商品，但蒙受短期亏损时，不是每位投资人都有继续留在市场上所需要的承受力。

陷阱 12　设下停损机制就能止赔

借助停损机制，股价会在跌至某个价位时自动卖出。这听起来很棒——有谁不想停损呢？然而实际上，设定停损反而可能让你惨赔。知名的投资理财专家都不会设定停损，因为停损的决策太过武断。假设整个市场在跌，你的停损机制可能因此启动。一旦启动停损，便会产生一笔交易手续费，而且等市场出现反弹迹象时，你手上只会抱着现金。停损只会保证你买高卖低，不要贸然采用。

陷阱 13　掩护性买权保你无风险

掩护性买权结合了长期股票仓位与看涨期权。如果股价在行权日前涨至履约价格，你便可以获利。无掩护卖权则表示你可以卖出看跌期权，但在行权日之前，你并不持有与该期权相应的股票。与一般说法恰恰相反的是，数学上而言，掩护性买权与无掩护卖权并没有两样。许多投资人天真地认定掩护性买权很安全，无掩护卖权则蕴含风险，其实两者并无差别，它们的风险和支出是相当的。

陷阱 14　定期定额的风险低利润高

定期定额是指在一段时间内每次投资少许金额，而非进行单笔交易。定期定额的用意是顺利度过市场波动，但实际上这只会增加你的交易手续费。虽然定期定额常反复掀起热潮，但分析显示，69%的单笔大额投资会创造较佳的获利。单笔大额投资多数时候成果较好，是因为以30年长线来看，股票通常呈现走高趋势。简单来说，多数时候，全额单笔投资的获利，会比因试图避免短期震荡而采用定期定额的投资方式来得好。

陷阱15　浮动年金有百利而无一害

推销人员都说，浮动年金（或称变额年金）的风险较低，且会带来接近市场成长率的获利。这是无稽之谈。首先，万一发行浮动年金的公司破产了，你的合同就永远不会兑现。其次，别忘了，在金融世界可没有白吃的午餐。浮动年金发行商给业务员6%~10%的佣金，这笔钱总得从某处生出来。真相很简单，浮动年金是一种强行推销，它对你的财务有害。由于有最短赎回期的限制，退出的代价相当高昂；又因为发行商每年还会收取2%~4%的管理费，持有的代价也很大。把所有相关的经常性费用加起来，浮动年金每年的利润必须比其他类型的投资高出24%（股票长

期成长率以每年10%计算）才能达到收支平衡，而这等好事不会年年发生。浮动年金发行商想要蒙住你的眼睛，而事实上，不承担风险就不可能得到较高的投资收益。

陷阱16　股票指数基金优于一般年金

这种论调的基础是：既能得到在股市向上时参与获利的投资机会，又能确保最低的成长率。问题在于，只要你仔细阅读合同上的保留条款，就会发现股票指数基金保证的是收入基数成长，而实际账户价值会随着市场上下波动。此外，许多此类型的年金都有投资收益上限，以进一步消弭市场波动的影响。简言之，指数基金的运作方式和你想象的不同，它们无法在保证上涨的同时排除下跌的可能性。好好读一读保留条款，你会归纳出一个结论：不如进行别的投资，那样成本较低而且获利较佳。

陷阱17　被动投资就能稳当获利

被动投资的概念是要你买某些股票（事实上

是任何股票），然后放个几十年什么也不做。市场会上涨，你的获利会比积极交易的股民来得高，因为他们得负担高额的交易手续费。这观念完全合乎逻辑，其实也是正确的做法，但事实上，多数投资人会发现“什么都不做”太难了。当某一类型的资产开始获利丰厚，而你投资的资产获利却只够塞牙缝时，你通常无法压抑修正投资方向的强烈冲动。没错，纯被动投资很轻松，但很少有人做得到。

陷阱 18　买共同基金轻松无负担

这句话是指不要买个股，而去买“无负担”的共同基金（因为没有销售佣金），然后搭上大盘成长的顺风车，不必费功夫去筛选绩优股。这个做法有些问题：首先，就算是无负担的基金也有定期费用及管理和销售成本，因此你的获利得先扣除那些费用。其次，投资人总以为这类基金无负担，所以可以轻松变换跑道。至此你又回到选择进场时机的老路上，但市场获利无法持久，

结果总是赔钱。如果在买入无负担的共同基金后，可以克制修正投资的冲动，那么你会有不错的获利，只是多数人做不到。追逐火热的市场，而后在大盘反转时恐慌卖出，这种几率高得惊人。无负担的共同基金并不是许多顾问所说的搭顺风车之旅。

陷阱 19　贝塔值可用来预测风险

贝塔值是一种测量风险的学术概念，计算方式是比较个股波动与大盘变化的相关性。如果一只股票的动向与市场一致，它的贝塔值便是 1.0。贝塔值小于 1.0 表示这只股票的波动比市场小，大于 1.0 则表示波动比市场大。问题是，贝塔值的衡量标准只能参照历史数据，但以往波动比市场剧烈的股票，未来不见得依然如此。贝塔值并未也不能反映未来的风险，但人们常会根据贝塔值的计算结果去做些没道理的买卖，忽略了贝塔值可能会基于各种与理性因素无关的原因而失准。市场一再证明，下挫最多的类型股，最有可能在下一波大牛市开始时获利最丰。简单来说，持有股票就必定有风险，想要获利就非承担风险不可。过往的价格波动完全不能预测个股的未来表现，担心贝塔值是杞人忧天，投资人该永远向前看，而非往后看。

陷阱 20　股票风险溢酬可预测获利

有些学者会计算股票风险溢酬，以便判定持有的股票与“零风险”投资（如 10 年公债或短期国库券）的溢酬比率。这样的做法没错，但问题出在一些学者想从历史的风险溢酬推测出未来的风险溢酬。这根本是胡扯，专家一再警告投资人：过去的绩效不能作为未来绩效的指标，风险溢酬正是一个例子。该指标只能回顾过去，无法预见未来，世事无常，市场情况会持续变化。股市太复杂了，谁都无法建立一个放眼未来、值得遵循的风险溢酬模式。如果真能成功就太好了，可惜成功的可能性微乎其微，别为了它倾家荡产。

陷阱21　波动率指数高就是进场时机

芝加哥期权交易所波动率指数（简称VIX）能够反映市场如何预期未来30天标准普尔500指数期权的波动，但仅止于此。“因为VIX很高，所以未来市场很可能上涨”的说法纯属虚构。VIX充其量只代表短期交易走向，但投资人想知道的是市场的长期走向。别再用VIX来预测市场的长期趋势——这和找相师没两样。

陷阱22　消费者信心高表示市场利多

媒体每个月都会忠实报道消费者信心指数的高低，这当然没问题，但绝不能单依据“民众的感觉”而盲目投资。消费者信心或许有其背后的道理，但它与市场没有任何因果关系。无论消费者信心是高还是低，市场的表现并不受任何影响，消费者信心水准与股市的表现最多只是碰巧一致。消费者信心只是一个滞后指标，不具有真正的影响力。你无法依据消费者信心水准来判断股市的表现，顶多只能判断“投资人最近感觉如何”而已。

关键思维

你想知道未来10年的股票表现吗?我也很想知道!但我认为这不可能办得到。尽管如此,投资人还是想尽办法进行预测。你唯一能确定的是:信心调查对于预测股市的未来毫无用处。

——肯·费舍尔

陷阱23　盯着道琼斯指数看就对了

电视上天天在报道“道琼斯指数涨了XX点”。这是很吸引人的头条标题,但道琼斯指数的高低与市场实际运作毫不相干。这不是专业投资人会关注的因素,你也不用过于看重。道琼斯指数仅计算30只股票的表现,因此并不反映市场的现实情况。再说,道琼斯指数是价格加权指数而非规模加权指数,而且它以某些含糊不清却独断的理由去纳入或排除特定的股票。

简言之，若非传统使然，根本没有人会关心道琼斯指数是涨还是跌。指数应该反映市场的实际情况，但道琼斯指数完全无法做到这一点。投资人早已发现，标准普尔500（追踪500只股票的表现）等指数，远比道琼斯指数更能反映美国股市现况。

三　慎思“人尽皆知”的道理

投资世界充斥着经验法则、老生常谈以及各类“人尽皆知”的道理。如果你认为投资易如反掌，觉得只要跟着其他人做就行，就会自食其果。直觉认为合理的道理，在投资上从未奏效，因为市场会让广为人知的信息失效。一定要自己动脑思考！

陷阱24　从元月的盘势可预知一整年的盘势

有人说，如果市场在元月的头几天走跌，那大盘整年都完蛋了。这观念荒唐至极，如果预测全年市场走势有这么简单，那预测人早就成为世界上最有钱的人了。你大可不用理会这种说法——只要发生某种情况，大盘必定是坏或是好。自1926年以来，元月头几天市场走势强劲而全年收益为正的几率只有54%——这就和掷硬币定输赢的几率相差无几。

陷阱 25　股市五穷六绝，要赶紧卖出

另一个说法是：夏天不利于玩股票，所以最好在五月卖出，秋天再买回。虽然这个投资策略非常可笑，但每当股市在五月寂然无声，它就会出来敲锣打鼓。如果你在五月卖光所有持股，那你要何时买回，又该买什么股？任何与节日、月份、季节或星期有关的进出场时机理论都愚不可及，完全无需理会。

陷阱 26　低本益比 = 低风险

用本益比来预测风险和投资收益，效果就和求神问卜没两样。通过本益比可得出其他有用的指标，但别以为光凭本益比就能说明一只股票或市场的走向。如果能凭单一指标就知道股票或市场走向，当然很美好，可惜没有这种好事。就算确有此事，大家一定会迅速发现，它也就很快失去作用。投资从来都不简单，如果真有这么容易，人人都能打败市场了。

陷阱 27　美元强势对股市必然利多

有些人觉得美元强势对股市利多，美元疲软则不利于股市。这个概念认定美元疲软表明世人对美国经济没信心，而这将导致股市增长迟缓，造成股票获利不佳。这也是无稽之谈，美元强弱和股市整体表现毫无关系。如果两者有因果关系，那么美元疲软时，其他国家的股市不早该一飞冲天了？没有这种事，两者之间没有任何统计上的相关性。

陷阱 28　美联储升降息会影响股市涨跌

常有人说，如果美联储连续几季大幅升息，市场就会走空；反之，如果美联储降低利率，就表示要迎接牛市了。这全是胡扯，股市涨跌频繁与升息降息根本毫无关系。经济体系既庞大又复杂，不是单一动力所能左右的。别理会所谓的老生常谈，事实证明，没有任何的单一指标是万无一失的。

陷阱 29　退休的人要着眼于股息和利息

有些投资人认为，等退休时，他们的投资组

合必须全都是会发放股息的股票或者是会生利息的债券。这是常见的观点，却毫无根据。如果你的眼光只放在息票、利息和股息上，你的资产就会停滞不动，甚至可能因未来必然会发生的通货膨胀而缩水，而且你还得负担较高的所得税率。建议你还是投资股票，来创造“自家孳生的股息”。你也可以定期卖出一些股票，来缓解负担过重的现金压力。你可以持有一些发放股息的股票来增加现金流，但不应被它们绑住手脚。应专心运用市场获利，持有适合你的股票，这种策略会很有效。

陷阱 30　利率 5% 的定期存款包你退休高枕无忧

许多投资人认为，要支付退休生活所需，只要将钱转为利率 5% 左右的定期存款，便可高枕无忧。姑且不论现在的定期存款利率已经不到 5%，这种策略完全忽略了通货膨胀的因素。过去 20 年，美国消费者物价指数平均每年上涨 3%，但这只是平均值而已。过去10年间，医疗花费暴涨了150%。换言之，要拥有相当于2010年25000美元的购买力，到了2020年必须有33600美元，2030年要有45000美元，2040年要有60000美元——但万一未来需要展期，你根本无从得知届时的定期存款利率会有多高。要确保未来的购买力与现在相当，你必须做些将来有延展性及成长力的投资，不能只进行利率保持不变的投资。梦想以利率5%的定期存款作为退休金的基石是行不通的。

陷阱31　婴儿潮一代一退休，经济就垮了

市场上传言已久，说婴儿潮一代一旦退休，将对文明世界造成史上最大的威胁。别理会这种论调，市场最善于纳入这种人尽皆知的信息。人口统计方面的变化不会影响大盘涨跌，婴儿潮一代累积的财富也不会凭空消失。人口结构的变化及其对某商品需求的影响，早就已经反映在股价上了。别再担心婴儿潮一代的问题，说不定他

们退休后会把在公私营企业中拥有的财富换成现金，投入股票及债券，反而在未来创造出强劲牛市。没有人能确知他们会带来什么影响，总之绝对不是世界末日。美国的金融制度相当健全，足以应付人口结构的变化。

陷阱 32　鸡蛋绝不能放在同一个篮子里

投资人大多遵守这个原则：千万别将超过5%的投资组合投入同一只股票，就算是你任职的公司的股票也一样。这话有一部分说错了。基本上这是个明智的投资建议，投资组合应该多元化，不应该有任何一只股票超过5%的门槛。但有几种情况显然是例外：你本身是企业家，有自己的公司，或者你在一位优秀领导人刚起步时便投身该公司。如果你有机会步步高升并跻身该公司的高级管理团队的话，那么将资金集中投入你效力的公司是合理的。如果你可以搭上未来的山姆·华顿或比尔·盖茨的顺风车，又何必做其他投资呢？尽你所能投资那只股票吧。

四　历史事实胜于市井传言

过去的表现固然不保证未来的成果，但你会惊讶地发现，通过回顾历史，你可以破除许多无稽之谈。只要听到某个论点四处流传，不妨赶紧翻翻历史，算一算它在过去印证过几次。参阅历史应能提供一些有用的线索，让你判断该论点在未来得到印证的可能性有多高。

陷阱 33　政府预算有盈余，股市就会大涨

大家都知道，如果政府预算出现盈余，也就是收入多于支出，股市就会大涨，对吧？先别这么笃定。检视过去 60 年的经济数据你会发现，预算赤字达到高峰后，股市平均成长了 22%；但盈余达到高峰后股市只成长了 7%。情况似乎是，每当联邦政府预算出现盈余，就会被用来偿还使经济体货币总额缩水的债务；造成赤字的支出反

而通常能刺激经济，促进整体成长。所以就算你不喜欢政府负债，也不该将负债与市场衰退画上等号，反而要以看涨的心情看待政府赤字，以看跌的心情看待盈余。

陷阱 34　失业率高，股市就不会回暖

电视上不知说过多少次，只要失业率居高不下，股市就不会回暖。这话纯粹是胡扯。数据资料显示，就业率的提升，一向落后于股市相当长的一段时间。失业率高的时期，股市反而很可能上涨，因为失业率通常会持续攀升，直到经济衰退期结束后好一阵子才停止。经济衰退期过了之后，商品销售量开始增加，这时多数企业会雇用兼职员工和临时工，静观这波涨势会维持多久，这就是失业率不会在经济回暖之初显著下降的原因。要等到市场有了充分的信心，相信这波成长将维持很长的一段时间，企业才会重新雇用全职员工。

陷阱35　黄金在手，高枕无忧

有句“金玉良言”是这么说的：别投资股票了，把所有资金拿去买金条，包你一辈子高枕无忧。虽然投资人会在某段时期对黄金趋之若鹜，但热情终会消退。金价暴涨时（如2010年）黄金的确红极一时，但说黄金是安全的投资避风港，不免言过其实。撇开人们对黄金的情感偏好，黄金不过是一种商品罢了，没任何特别之处，金价也像其他商品一样有起有落。过去30年间，金价只有15%的时间在上涨，其余85%的时间都在跌。即便2009年黄金正值长期上涨的势头上时，也不过涨了24.8%，但标准普尔500指数却在同一时期涨了26.5%。如果买金链子或金耳环是你的风格，那尽管买，但就投资而言，黄金并没有特别珍贵之处。

陷阱36　只要一减税，大盘就会翻升

人们喜欢减税，所以每当政治人物降低税率，尤其是降低资本收益税时，股市就会大涨。

这理论听起来颇有道理，但令人吃惊的是，长期数据并未显示减税有利于股市或增税不利于股市。长期来看，任何税率变革的实际影响都掺杂着众多其他具有影响力的因素，因此市场可能上扬也可能下滑。你个人或许非常喜欢减税，这完全合乎情理，但别因为觉得减税能让大盘翻升就赌上身家。两者并没有直接关联，股市似乎不在乎减不减税。这又是进场时机难以把握的一个例证。

陷阱 37　油价和股价老是在玩跷跷板

几乎全世界的人都认为，高油价不利于股市。这个理论实在太符合直觉，但数据显示这个概念其实是无稽之谈。长期而言，油价和股价并无任何具有预测性的关联，两者有时齐头并进，有时又背道而驰，这是因为石油与股市的供需动力在本质上截然不同。经济太过复杂，像这种简单而一成不变的经验法则不可能每次都派得上用场。

陷阱38　都是猪流感和埃博拉害市场生病

流行病和病毒爆发总是存在的。近年来全球发生过非典和猪流感，还有过至少两次禽流感。令人错愕的是，许多大概从中学以后就没有读过甚至没想过生物学的人，突然变成微生物专家，专业到可以告诉你未来患该病的死亡率将是百分之几点几。事实上，疾病引发的恐慌并不会如你所担心的那般重创股市，流行病不一定会给股市招来噩运，还有太多其他的因素会影响股市，例如药品及设备的创新或许会随着需求持续增加而使股市上涨。流行病不会对股价的基本面构成明显的影响，但其重要性总是被媒体放大——毕竟它们也想多卖些报纸和广告。要谨慎思考，不可尽信。

陷阱39　消费者支出低导致经济无法复苏

每一次经济衰退之后，人们就会抱怨经济无法复苏是因为消费者阮囊羞涩，不肯多花钱。但消费者支出对经济如此重要，以至于如果他们不

花钱，我们就完蛋了！有趣的是，也有人反过来抱怨美国消费者挥霍无度，钱花得太多而造成经济衰退。似乎没有几个人想过，这些恐惧有多么荒谬且自相矛盾。

的确，消费者支出占了美国GDP的71%，但即使在经济衰退期，消费者支出下滑的严重程度也不会超过企业投资减少的程度。消费者支出大致稳定，因为整体而言，消费者购买的大多是重复乏味的商品，而非昂贵的奢侈品。事实上，正因为消费者支出在经济衰退期不会大幅下滑，所以不需要大举反弹才能重振牛市。经济的基础太广大，消费者支出没有那么重要。

陷阱40　美国总统任职周期是股市毒药

有些人断言，股市逢“5”必涨，例如1975、1985、1995、2005年等等。这是对统计数字的穿凿附会——凡是无法用统计学证明其基础的论调，大可一概忽略。不过这的确引出一些有趣的观察。检视从1926年起每四年美国总统任期的数据，你会发现，股市在每一任期后两年的表现总是比前两年好。为什么？总统通常会在中期选举时损失一些政治影响力，因此多数总统会在头两年推行最具争议的措施。每项法案最后一定会重新分配财富，而这对股市来说通常是负面因素。因此，别听信逢“5”必涨的论调，倒是要密切注意华盛顿的“与民有约”恳谈会。一旦总统开始把心思放在如何连任上，通常会讲得比做得多，经济就会报之以成长。就算是某种形式的毒药，也掺杂了些许事实。

陷阱41　美国政府中某政党执政将对股市有利

共和党人认为，只要他们的政党执政，经济就会繁荣，而民主党人也这么想。投资人很容易受自身意识形态的左右，但就股市来看，长期历史显示，共和党和民主党总统任内的记录大同小异。有些总统较幸运，在经济好时执政，有些就比较倒霉。话虽如此，总统从民主党人换成共和党人后的四年里，股市的平均成长率较高。最可能的原因是共和党投资人与民主党投资人的比例约为 2 ∶ 1，因此市场显得更为友善。在新总统的就职年，若是共和党人当选总统，股市通常会走低；民主党人当选，则股市指数往往上扬。只要仔细观察，你就会发现政治偏好无处不在。有政党倾向无妨，但别以此为根据来作投资决定，要坚守基本面。另外别忘了，就算你喜欢的职业球队赢得世界冠军，也不会对股价有多大的影响。这类论调只是一种趣谈，毫无实际根据。

陷阱 42　股市已位于高点，很难维持下去

总是有评论人士指出："股市已位于高点，很难持续下去，必定会跌回基本面！"这其实是个比率问题，如果某个指数从 100 涨到 110（增加 10%），我们会觉得这涨幅颇为合理；但如果某个指数从 10000 涨到 11000（也是增加 10%），看起来就像是巨幅成长，似乎肯定会乐极生悲。但现今股市使用的基数比 60 年或 80 年前高得多，

考虑到这一点后就会发现，今日的成长率其实只是平均值。过去50年间，随着经济持续成长，股市也维持在一定的成长率上，那么为何又突然认定今后无法维持这样的成长呢？获利高低基本上是比率问题，却往往成为人们普遍接受的荒谬论调。学着用正确的眼光检视数据，有些投资人的“恐高症”自然会消失。美国和世界经济的规模庞大，许多聪明人天天都在勤奋耕耘事业，不妨预期未来股市仍会持续成长，而非停滞不前。

关键思维

许多人觉得难以置信，怎么可能有那么多投资人完全看错投资的世界，而且基本上会一直错下去，不断重蹈覆辙。但你知道这是事实——不然为什么大多数专业投资人都无法打败市场？人类是直觉动物，但市场的本质就是反直觉的。

——肯·费舍尔

五　走出华尔街，投资全球

美国是全球最大的经济体，但其 GDP 还不到全球的 25%。无论喜不喜欢外国股票，有时候你还是得留心全球投资理论。放眼世界股市，你才能跃升为成功的投资专家。

陷阱 43　投资外国股市的风险较高

传统观念有时认为，投资外国股市的风险较高。问题是，其风险和什么相比较高呢？美国与非美国股市的风险高低，并没有任何差异。事实上，要真正达到多元化投资，你的股市投资应有半数投放在非美国股市。为什么？以市场资本总额而论，美国资本占发达国家股市的 49%，若计入发展中国家则仅占 43%。换言之，如果你只投资美国市场，便会失去全球半数的投资机会。再说，美国股市与多数非美国股市实际上的关联性要比乍看之下来得紧密。现今我们生活在全球化经济中，如果进行全球性投资，反而可以从根本上降低风险。美国股市和非美国股市经常齐涨齐跌，没有道理说美国股市的风险较高或较低。但如果你能更多元地投资全球股市，必定能降低风险。

陷阱 44　干吗投资外国股市

除了多元投资的明显好处之外，投资非美国股市还有另一个有力的理由：美国与非美国股市每数年便会轮换市场龙头的地位。有些时期（通常为期 3 ~ 7 年）非美国股市的表现会胜于美国股市，同样，也有一些时期美国股市价值成长快得多，接着又有很长一段时间两者不分轩轾。两者交换龙头地位的周期并不固定，如果忽略外国股市，就会错过获取高收益的机会。另外别忘了，做全球性投资能让你有更多选择。你可以依照自己对世界未来局势的观点来变换投资组合，这绝非坏事。此外，更广泛的投资还可以让你把

风险管理做得更好。因此，忽略外国股市是说不通的。

陷阱 45　庞大的债务会拖垮美国经济

大家都赞同债务不是好事，会拖累美国经济的说法，但债务就一定是金融的末日吗？这一点有待观察。从长期历史角度来看，美国在 2009 年年底负债高达 GDP 的 53% 不见得是个问题——1943~1955 年的负债甚至高达 GDP 的 109%，但美国还是设法脱困了。高负债不一定等于经济将一塌糊涂，这当中还涉及许多其他因素。其他发达国家也经历过债台高筑的时期并最终东山再起，所以美国也不会例外。其中的关键在于国家的经济活力及人民的创新能力，而美国在这两方面都很强。另外别忘了，2010 年美国的利率水平处于历史低点。最重要的是，美国的债务水平还不到构成大问题或危机的地步，说债务庞大会亡国的人全是胡说。

陷阱46　美国应付不了目前的负债水平

看看这个新闻标题：光是支付国债利息，美国现在每年就要花3000亿美元！这话如果被背负房贷的民众听到，想必他们会十分担忧，但如果明白这个数字不过占GDP的2.2%，就知道问题没有那么严重。拜目前盛行的低利率所赐，现今美国的净债务利息支出，要低于1979~2002年间的任何时期。就算利率即刻调升整整2个百分点，美国的负债也只是回到1984~1996年的水平而已。而随着经济增长，利息支出占GDP的比例会下降。所以说，天并没有塌下来。庞大债务不是好事，但也不至于构成问题，别让它妨碍你作出正确的投资决定。

陷阱47　贸易赤字会给市场造成问题

2009年年底，美国贸易赤字达到5040亿美元。这数字听起来问题很大，它表示美国买得比制造得多，而这会使美国的货币走弱。要跳出这个陷阱，就要放眼全球。美国贸易赤字正是经济长期活跃的证据，代表美国拥有巨额的收入，足以让进口额大于出口额。2009 年美国经济市值约 14 万亿美元，表示贸易赤字仅相当于 GDP 的 3.5%，比起英国的贸易赤字（占其 GDP 的 5.9%），根本是小巫见大巫。德国和日本享有贸易顺差，但那是由于政府强力干预市场所致，长期而言这种做法会阻碍经济成长。其实过去 30 年间，英美两国不时出现庞大贸易赤字，但英镑及美元仍是全球强势货币。别再担心贸易赤字，它对投资人而言并非世界末日。真要说的话，你应该希望未来见到的贸易赤字更大而非更小。

陷阱 48　GDP 大幅增长会带动股价上扬

人们普遍相信，GDP 大幅增长会带动股价上扬。这观念有部分是对的，但 GDP 增长并不会拉抬每一只股票。有些类型的股票会在经济扩张时表现亮眼，有些则会在经济衰弱时胜出。考虑 GDP 的影响时要记住，是股市引领经济，而非经济引领股市。等到 GDP 增长获得确认，多数股票早已涨翻天了；反之，如果投资人知道经济衰退已不远，就算GDP增长，股市也会下跌。股价总是向前看，GDP则是一项事后的指标，只是表明经济过去的表现。驱使股市上涨的是经济成长，并非GDP。

陷阱49 恐怖分子将严重危害股市

2001年9月11日恐怖分子袭击美国，当时股市确实于重新开市时遭到重挫。事实上，到了9月21日，美国股市跌了11.6%，但等到10月11日，市场又回到9月10日的水平。事实上，以任何标准来看，美国经济都是健全且充满活力的。历史显示，恐怖袭击会引发短期效应，但之后市场整体趋势便会重回正轨。任何恐怖事件对市场的影响力都有限，飓风和洪水等天灾也是一样。天有不测风云，但资本的力量太强大，这些特殊事件永远无法撼动。以投资眼光来看，恐怖分子不值得大惊小怪，也不必纳入考虑范围。

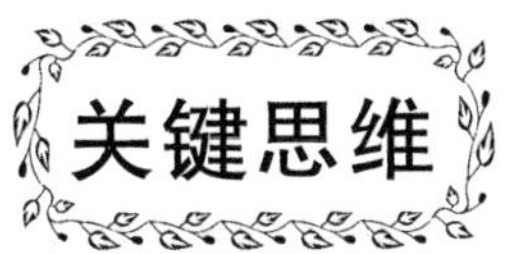

本书旨在挖掘真相，推翻那些广为散播且让多数投资人受害的市场伪论和错误认知。投资成功的一大要素，其实就是要避免多数人屡犯不止的常见错误。大部分的投资人在内心深处，其实无法接受投资并非“必然性”的游戏。资本市场太复杂了。投资是“或然性”的游戏，就像医学、工程和多数科学领域一样。我们接受医学是讲或然率的，我们知道吃药或动手术有风险，不保证安全，不保证成功。然而不知为何，投资人却对投资要求“绝对”的结果，这正是犯下大错的主要原因。

——肯·费舍尔

所有投资人都会犯错，就连最厉害的投资人也不例外。我也会重蹈覆辙，犯错的经验不胜枚举，而且未来我肯定会犯更多的错。大概没有一个长期投资人作出正确决定的比例能超过70%。

如果长期来看你可以接近这个水准，那你堪称传奇。多数投资人所作的错误决定远多于正确决定。如果错的比对的多，你就会落后于市场的成长；如果对的比错的多，你就可以加入那一小部分打败市场的投资人（不论专业的还是业余的）。因此降低犯错率是很值得努力的目标，而这正是本书的宗旨。了解常见的错误认识，就能学着趋吉避凶。更重要的是，在学习过程中，你会发现找出更多的错误观念其实是一种乐趣。

——肯·费舍尔

华尔街潜规则

让圈内人告诉你如何亲贤远佞

Backstage Wall Street

An Insider's Guide to Knowing Who to Trust,
Who to Run From,
and How to Maximize Your Investments

原著作者简介

约书亚·M.·布朗（Joshua M. Brown），纽约市金融顾问，曾是证券经纪人与金融业专业人士。他的博客广受欢迎，专门分析金融市场和经济形势。目前他担任高净值客户、慈善基金会、退休计划与企业的投资顾问以及财务信息公司 BrightScope 的顾问，致力于增加金融顾问产业的透明度。他是《华尔街日报》、《财富》和《福布斯》的专栏作家，也是财经电视台 CNBC 的固定嘉宾。

本文编译：许恬宁

主要内容

戳破华尔街大骗局

看着华尔街，羡慕又唾弃。羡慕经纪人数以千万的年薪、笔挺的西装以及让你望尘莫及的超级跑车；同时又唾弃他们用复杂的专业术语堆砌出削钱堡垒，一切的繁华都来自投资人的口袋与不断膨胀而又尚未破灭的数字泡沫。

本书作者约书亚·M·布朗出身金融圈，对于华尔街的经纪人套牢客户，怂恿客户投资，从而将其投资转化为自身的业绩并赚取高额佣金的伎俩，他深谙其中奥妙，并且得出结论："华尔街运作的目的，从来都不是让一般投资人赚钱，投资人最好能把这个残酷的现实谨记在心。"

对于一般投资人而言，倒不必因此而伤心。理性地说，当了解投资经纪人其实并不和你站在同一边时，你要如何应对？自立自强的第一步，当然是加强自己的财经金融知识积累，对于黑幕重重的投资目标或夸大投资机会的经纪人或理财顾问要保持戒心。对于搞不懂的投资商品绝对不要投资，连动式债券让许多人血本无归的例子正可以引以为戒。

更进一步，当然是让这些可以从投资交易中获利的经纪人或理财顾问负起应有的责任，以法律约束那些口若悬河、觊觎投资人口袋的金融销售员，惩罚为增加业绩而提供不实信息或误导视听的经纪人。

当然，身为理性投资者的你，根本就不必卷入由华尔街构筑起的大骗局。谨守本分，投资扎实且能够产生实际生产力的企业，不冀求“财务杠杆”带来的超额利润（通常结果是惨赔），才是持盈保泰的王道。

做个不听话的投资人

华尔街的推销功夫十分高强，但真相更强大。只要人们能够更多了解投资界真正的做法，就能作出更好的选择，变成更好的投资人。

华尔街享尽世人关爱的眼神，但投资人千万不要以为，金融市场存在的目的是让自己赚钱。相反，世界上最大最有组织的赚钱机器——华尔街，其实只为金融业圈内人士的利益服务。

在耀眼的外表之下，华尔街公司的潜台词一直是："相信我们，我们知道自己在做什么，因为我们是专业人士。"从金融市场的本质来看，这是不可能的。因为每当券商向买家提出买进建议时，就有另一个券商在劝人卖出，要不然就没有市场了。每个进行交易的人都希望自己站在对的那一边，但从逻辑上来说，不可能所有人都是对的。下次面对推销的时候，不要忘了这件事。华尔街的光环都是假的，券商假装自己很准确，让你产生信心，但真正的目的是让你跟钱说拜拜。

金融服务业靠准确性营造自己的形象，这是一种经年累月在市场上创造亿万财富的技巧。该行业的从业者不断制造一种印象，让人以为投资是有方法的，而且只有他们了解其中的运作机制，所以一切就交给他们吧。事实上，金融服务业的准确性并不会高于医学、建筑或电脑科学。事情总有出错的时候，人们会冲动行事，而且并不是每个人都会随时随地秉持善意行事。好几千则新闻证明，自从人们在梧桐树下开始股票交易，情况就一直是这个样子。不管我们有多聪明，做事有多严谨又或者程序有多精密，人就是会犯错。重要的是，“精确投资”本身就是一种逻辑上的谬误。那些觉得自己的预测一定准确的人，注定会失败。

一　华尔街的主要玩家

在草创时期，华尔街的传奇人物必须挂出自己的招牌才能立足，但今日的华尔街到处都是证券经纪人。不要忘了，对于证券经纪人（近年来，他们喜欢自称金融顾问或财富代理人）来说，卖出股票比推荐对的股票重要得多，而且他们学过保证让人成交的技术。

《客户的游艇在哪里》一书的作者弗雷德·施韦德曾提到过一则笑话：华尔街的两头，一头是河，一头是坟场。他认为这话听起来很惊人，但并不完整，因为它没有讲到中间是幼儿园。

如果施韦德或任何华尔街最初的玩家还活着，发现“幼儿园”居然变成了操纵美国金融业的主要力量，他们大概会叹为观止，更可能的是他们会在心里偷笑。虽然大部分美国民众只有在股市上涨的时候才会对股票产生兴趣并去投资，今日的华尔街却是货币市场的引爆点。券商为了让人们年复一年地保持对市场的兴趣，不断推出新的金融商品。

一开始的时候，美国证券市场的成员是一战期间购买战争债券的平凡百姓。很多人在战争结束后，把从战争债券得到的资金投入公司债券，于是一个新的市场诞生了。据估计，1917年的时候这个市场只有35万名投资者，但到了1919年的时候，人数暴增到1100万。为了应付不断增长的需求，那个年代的传奇券商把投资者带到收音机、电话、汽车跟佛罗里达不动产的世界。经济大萧条让美国的投资人驻足了一阵子，但在那之后，金融证券业便成为带动经济成长的龙头。今天，让人眼花缭乱的全方位服务券商、共同基金、避险基金、资产管理人、投资顾问和折扣券商共同塑造了华尔街的面貌和诉求。

虽然戏法各有不同，华尔街的主要玩家仍然是那些公司里领有执照的代理人员——俗称证券经纪人，他们为自己的公司带来大笔进账。华尔街到处都是这种人，他们操纵整个华尔街。

对证券经纪人有利的事对公司也有利，他们实际上是在操纵游戏。证券经纪人把客户带进门，协助处理投资账户，但绝大部分的销售都是为公司而做的——他们对此心知肚明。这些鲨鱼不像其他产业的销售人员，他们太清楚自己的重要性，因此横行霸道。经理跟其他员工走在业绩顶尖的证券经纪人身边时，都会小心翼翼；记录员可以找人代替，但一年赚百万美元佣金的人可不能换，至少一般证券分公司承受不起。后勤职员也都十分清楚，不要找证券经纪人的麻烦。这些鲨鱼每一天都有一个明确的目标：卖出更多金融商品。大家都知道，鲨鱼不动的时候就死了。证券经纪人卖不动产品的时候，他的业务就完蛋了——事情就是这么简单。只要你每个月 15 号能领到上个月的所有佣金，就没有所谓“够了”这种事。

大约在2012年，大部分证券经纪人从收取成交佣金转向收取资产管理或投资建议服务费。英国的金融服务主管机关已经宣布，英国将终结收取佣金型的金融服务公司。美国的证券交易委员会很快也会跟进，但在那一天来临之前，证券经纪人永远都会是掌控华尔街的人。

虽然大部分美国人完全不明白其中的差异，但证券经纪人跟金融顾问其实分属两套完全不同的系统：

（1）证券经纪人的收入来源是在协助你完

成交易或是投资基金等金融商品时，获得佣金报酬。因此他们在每一笔交易中，对投资人必须履行“适合度标准”，即他们卖给你的特定股票、基金或债券必须符合你的财务目标跟风险承受度。

（2）金融顾问的收入则是靠向客户提供投资建议，按季度或年度收取服务费。他们不会因为卖出基金而得到佣金，而是永远都必须依据客户的最大利益行事。他们对投资人必须履行“受信标准”，意思是如果他们提供不正确的理财建议，便有可能会吃官司。

然而，如果有人同时有两种身份或是担任混合型的金融顾问，事情就开始变调了。这些人会看哪种情况有利，有的时候当证券经纪人，有的时候又当金融顾问，同时收取顾问费跟佣金。目前所有大公司都向顾客提供这种混合型的服务，而且故意不说清楚。这是这个产业的肮脏小秘密，因为如此一来，证券经纪人才能从同一笔交易中同时收取服务费跟佣金。

关键思维

在讨论这些区别的时候，我一点都没有故作清高的意思，毕竟证券经纪人也不是天生爱使坏。我自己就当过10年的证券经纪人，而且我在这行业中也认识一些不错的人。不，证券经纪人的问题不在于他们的品格或道德操守，问题出在金融业体制上。这一行的结构上下颠倒。证券经纪人得到报酬跟奖励的方法与客户的最佳利益背道而驰。证券公司的利益落在两者之间，但比较靠近证券经纪人。这是非常疯狂的一件事，而且近百年来都是这样。

——约书亚·布朗

华尔街最根本的问题非常简单，就是卖出股票比推荐好的股票更重要。证券经纪人受训使用三寸不烂之舌来卖股票，而且他们每天都在精进自己的销售能力。他们学习用嘴巴来操纵人心的技巧，然后随时随地把这些技巧用于高压销售。

大部分金融公司的架构也反映出这一情形。大型券商一般会有以下几种团队：

（1）刚入行的职员负责打电话给不认识的高净值人士，希望他们能成为公司的客户。这些负责打推销电话的人，每天从早上 8 点工作到晚上 7 点，打电话给潜在的投资人，在工作中磨炼技巧。大部分的电话推销员正在学习如何成为证券经纪人。

（2）刚刚得到美国证券经纪人执照的新手会成为开户专员或初级经纪人。他们会打电话给潜在的新客户，运用类似的台词："你好，上个星期我们同事跟你聊过我们的公司。我们很荣幸能寄给你一些资料，希望你会喜欢。今天，我们发现有一只被整个交易市场低估的股票，如果你想了解详情的话，我很愿意跟你分享这个信息。"证券开户专员每个月大约必须开发

20～50个家庭流动性资产符合最低标准的新客户，他们很善于反驳常见的拒绝借口，备有很多套用于推销的强力成交法。

（3）一旦开户专员付出应有的努力，并且展现出他们的销售能力，便会成为资深经纪人，负责联系现有的客户。为了赚钱，他们每天仍然会花很多时间来开发新客户，但资深经纪人可以分得的佣金比例高于开户专员。

就是在这个阶段，金融业最糟糕的部分开始露出本性，并为投资市场带来灾难。因为就是在这个阶段，受过专业训练的销售员开始获得授权，替一般大众作出投资决定。他们只要醒着就会学习如何靠着最少量、最基本的市场知识来推销证券，而已经持证的证券经纪人可以持续不断地向投资人提供建议。大部分经纪人都学过不屈不挠的销售技巧。通过大量且经常地运用这些技巧，就可以得到违背常理的收入。然而，在这些证券销售专家之中，许多人的知识根本不足以

替客户做什么事。贩卖自身的专业远比培养出真正的专业能力要容易许多，特别是投资方面的专业。一个无法回避的简单真相就是：证券经纪人根本不该替任何人作投资决定。

关键思维

证券经纪人就是把你的钱投资到一毛不剩的那个人。

——伍迪·艾伦，美国知名导演

投入积极投资游戏唯一合乎逻辑的理由就是，把一切努力当作具有高度娱乐价值的事。

——拉里·斯韦德鲁，投资顾问

二 华尔街的金融商品

兑换战争债券获利，这是早期一般美国人购买华尔街证券最常见的资金来源，但这只是初期的前哨战，真正的变革源自共同基金的诞生。共同基金是美国最主要的投资工具，它让人们看到，只要桌上有钱，华尔街就可以用何等高明的创意把钱一扫而空。即使有漏网之鱼，华尔街还发展出了股票指数基金，涵盖了人类所能想到的指数、产业、资产类别、投资类别及其他全部已知项目。

大部分的投资人在认识到华尔街以经纪人为中心的模式导致了复杂的利益纠葛时，他们的反应是改而采用一切靠自己的投资方式。20 世纪 70 年代后期出现了折扣经纪人，后来的数字革命更是大幅强化了他们的接触范围，拓展了他们提供的投资工具。这些刚被授予权力的投资人出现的时刻，正是科技股掀起史上最大狂潮、网络泡沫正在形成的时候。

现在回想起来，这个时期炒得很热的广告宣传，正好象征了华尔街无责任感营销的最高点，这比当时传统券商做过的所有坏事还要恶劣。事实上，这已经接近精神病状态了。那时网络券商广告主打的概念是，再笨的人都可以变成亿万富翁，只要在键盘上按个几下，财富就在眼前。这种金融服务就像是把老年人载到大西洋城赌场，让他们把最后一笔社保金投进吃角子老虎机一样。当时华尔街不顾一切推销的程度，即使在 10 多年后的现在看来，也没有比之更疯狂的了。

网上股票交易成为新的全民运动，直到 2000 年纳斯达克指数遭到重挫并缩水 80% 后，大家才收手。当时大部分人的结论是投资要做的功课还很多，不能有什么股票就买什么，并且要回去从事自己的本业。撑过这次股市重挫的网络券商，开始拓展产品线，提供资产管理、网上银行与保管服务，努力增加额外营收。经手证券交易变成没有利润的生意，这对券商以及拥有券商的投资银行来说，都是一个坏消息。

取消全方位服务的佣金产生了一个让人始料未及的重大后果，那就是出现了大量的结构性商品以及许多问题重重的金融服务项目，像是各式各样的银行交易、抵押债券，其他证券化债务工具、反向可转换产品、拍卖利率证券、浮动年金、保本型基金、单位投资信托、证券公司共同基金以及其他一夜之间冒出来的各种东西。当券商不能在一般证券交易中收取2%～3%的费用之后，它们就把目光投向了其他有利可图的地方。如此一来，它们就造成了全面性的间接伤害。原本佣金是华尔街公司的主要获利来源，但网上折扣券商的夹攻让它们陷入困境，于是它们开始依赖衍生性金融商品、房地产、杠杆贷款、抵押贷款审核与证券化，甚至是避税服务。网络券商免除了证券交易成本，无意之中让投资银行回到必须找出赚钱方法的最初阶段。然而历史一再证明，华尔街变得有创意，从来都不是一件好事。

美国在1893年推出共同基金。共同基金把投资资本分散在大量目标上，而非集中在一只股票上。经济大萧条过后，共同基金撑过风暴的表现尚称良好，因此变得十分热门。从此之后，共同基金变成一股庞大的势力：

（1）20世纪60年代，华尔街约有250种共同基金。

（2）20世纪70年代，第一个指数基金——一种投资其他各种共同基金的基金问世。

（3）1994年，共同基金变得十分流行，34%的美国家庭把钱投注在共同基金上。20世纪50年代，该比例仅为10%左右。

（4）2000年的时候，共同基金的投资金额超过整个美国银行体系里的钱。共同基金的数量也超过美国纽约证交所跟纳斯达克市场股票的总和。

（5）2001 年，共同基金的热潮达到最高峰。50% 的美国家庭在退休储蓄计划里配置了共同基金，把钱投入股票市场。截至 2001 年年底，投资人可以选择的共同基金达 8305 种。

上述所有的成长热潮意味着，随着网络公司的热潮不再、安然公司倒闭、世界通信公司破产以及“9·11”事件的发生，多头市场走到了尽头，因为共同基金而失去财产的美国人达到史无前例的规模。投资人终于开始正视以下的问题：

◎为什么我们要付积极管理的费用？

◎这些费用是如何计算的？

◎我们投资共同基金的时候，究竟有哪些真正的成本？

◎为什么年度最佳经理人每年都不一样？

2012 年年初，仍然有 11.8 万亿美元的资产分散投资于大众所拥有的 7500 档共同基金中。虽然共同基金在替投资人创造财富方面成绩一直

不是很理想，但仍然吸引了相当可观的资金。可能的原因有 4 点：

（1）惯性——很多投资人，尤其是自己作投资决定的人，除非需要现金，否则倾向于把钱留在共同基金，因为这是他们一直以来的投资方式。

（2）退休市场——共同基金无形中垄断了退休储蓄基金。退休基金经理人认为共同基金是非常安全的选择。

（3）证券经理人佣金——证券经理人出售共同基金能拿到的钱远远高于其他所有产品。也就是说，目前证券经理人仍在引导民众购买共同基金。

（4）大胆的营销手法——共同基金产业的营销手法十分精明，只要想到不管在哪一年，至少有 80% 的共同基金绩效落后于标准普尔 500 指数，你就会了解这个产业的营销本事有多大。因为共同基金一定得靠非常强大的营销能力，才能遮掩它们黯淡无光的绩效。

共同基金投资大师，例如在《彼得·林奇的成功投资》与《战胜华尔街》两本书中宣传“买自己了解的股票”跟“放眼长期”的彼得·林奇等人，也让愈来愈多的人愿意把钱放在共同基金里。截至1994年12月31号，林奇在20年间创造了25.8%的收益率。不幸的是，事实证明林奇是特例而非常态：80%左右的共同基金经理人，每年的绩效甚至落后标准普尔500指数，更别提打败大盘。

共同基金主宰美国投资环境将近70年时间，但在2002年左右，一种新的投资手法开始受到投资人的关注与欢迎，那就是股票指数基金。股票指数基金能以成本很低的方式，反映一篮子股票的价格或是整体大盘指数的变化。大部分共同基金会收取投资金额的1%~3%作为管理费，而股票指数基金只收取0.1%~1%的管理费。此外，股票指数基金还有其他结构性、流动性与成本方面的明显优势。2010年的时候，美国证交所挂牌超过916档股票指数基金，追踪的类别五花八门，包括标准普尔500指数、道琼斯指数、外国市场、标准普尔500指数中不同产业类股的指数及新兴市场等。

美国金融稳定委员会2011年4月的研究报告指出，2010年第三季度结束的时候，全球股票指数基金产业一共管理着1.2万亿美元的资产，其中85%为普通股票指数基金，追踪股市指数，相当于全球5%的共同基金资产以及2%的全球证券市值。在过去10年间，这个产业以平均每年40%的速度成长，让全球的共同基金与证券市场（年成长率约5%）相形失色。大部分的股票指数基金都在美国与欧洲的证交所挂牌，但其实追踪了各种不同的市场。例如，全球前三大股票指数基金中就有两个追踪新兴市场指数。

光是2011年的前6个月，证券市场就冒出了156档全新的股票指数基金。情况已经演变到所有人们想得到的指数、产业区块、资产类别、投资形态和投资分类，都有专门的股票指数基金，而且通常会有多种类型可供选择。

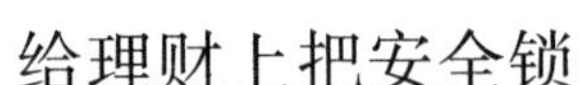

关键思维

毫无疑问，整个股票指数基金已过度发展。我上次计算的时候，市场上有大约50家股票指数基金发行公司。会议室里坐满了人，想找出下一档热门的东西来卖给我们。其中许多“发明”在当下都还没有稳固基础。没有任何人会说：“你知道我的投资组合缺什么吗？我持有的水产养殖投资不够多。”也没有人会在半夜醒来，担心自己对铍的价格、巴西医院的不动产或是____（自行填入各种不必要的商机）接触不够多。但只要我们继续购买这些金融商品（把我们的钱投进去），就一定会有人继续发明这些东西。为什么会这样？基金公司的收益就取决于旗下管理资产的多寡。如果一项金融商品可以撑过头36个月，就可以取得极为重要的3年历史绩效，而这最终会带来真正的资金流入。这并不是什么高深的学问。

——约书亚·布朗

三　拆解推销话术

华尔街把推销金融商品的行为打磨成了一门非常高明的说服艺术。经典的“见招拆招推销法”（又称“雷曼法”）让证券经纪人得以回应投资人想出来的各种借口。下次有人劝你投资的时候，只要记住他的最终目标就是要卖东西给你以便赚取佣金。不管他怎么说，唯一能保护你自身利益的人，就是你自己。不要被话术给骗了。

如果往后退一步，好好端详华尔街的整体景象，你马上就会发现4件事：

（1）所有华尔街的券商广告都遵循着很类似的模式——它们使用的颜色、主题跟图片总是差不多。大部分广告都使用：

◎丰富的大地色彩或是象征爱国主义的红、白、蓝三色。

◎船舶、山峰、鲸鱼或狮子的图像。

◎诉诸感性的图像，像是婚礼或是小孙子。

所有意象都在传达一个信号——你可以放心把钱交给我们，而华尔街的券商也确实因此管理了好几万亿美元的资产。我们可以从这里看出营销的力量——这正是华尔街最擅长的事。它们每年花150亿美元在营销上，到处都可以看到它们的宣传。

嘲笑华尔街宣传手册跟广告上的狮子、鲸鱼、木船、笨拙的社交策略或是肉麻兮兮的婚纱摄影是一件有趣的事，但不得不承认，采取这些广告手法的公司管理着几万亿美元的资产，表明这样的营销确实奏效。这些意象从来没有变过，因为就算是到了今天，它们仍然有效。至于明天是否还会有效，则有待观察。

（2）券商宏伟的卖方研究部门一直是个笑话。

因此，你必须把它所有的研究报告看成是推销广告的一部分，而不是完整、公正的信息。华尔街券商雇用超过25万名分析师来预测股票市场未来的走向，但他们跟所有人一样，只不过是进行猜测而已。对于身为投资者的你来说，证券经纪人如果因为“事先知道”有事情可能发生而打电话给你，他的信息就几乎没有什么价值，甚至完全没有价值。他知道的并不会比你多。

对于外行人来说，投资管理业务分为两个不同的区块，一个是买方，一个是卖方。买方是管“钱”的公司，像是退休金、共同基金、资产管理和避险基金。买方分析师是公司招进来专门研究与分析投资的人。卖方是给予买方建议的券商跟投资银行，当买方回应它们的建议时，它们便可以收取交易佣金。在经历几次难堪的事件之后，买方公司开始把愈来愈多的预算投入内部的研究分析。在今天这个年头，接到高盛经纪人打来的电话，一点都不重要。

（3）赔偿金额达15亿美元的2003年研究分析师大和解案是迈向正确方向的一小步，它代表券商再也不能为它们即将上市的公司提出亮丽的分析报告了。大和解案也代表华尔街承诺更好地向投资人告知情况，提供更多独立第三方的研究报告，试图解决一些一直存在的明显的利益冲突。然而在实际执行过程中，分析师只是把简单的“买进”或“卖出”评等，改成意思比较模糊的“减码”、“与大盘持平”、“加码”和“强力买进”等等。分析师的新戏法是想出新名词来陈述意见，但确保意见足够模糊，这样一来，即使给错建议，他们的公司也不会挨告。

自从达成和解之后，华尔街相关的研究公司与银行之间的关系在过去几年逐渐恢复正常。它们宣称两者之间有一道“防火墙”，赔偿事宜都已经处理完毕，但彼此仍默认不能把公司的大客户降等。通常只有在出现一连串表现不佳的财务报告且股价已经连续下跌好几个月的情况下，分析师才会降低股票的投资评等。事实上，如果你去问大多数有经验的交易员，哪一种卖方建议最让他们兴奋，他们几乎会异口同声地回答，他们最爱证券经纪人开始持负面看法的时候——价值型投资人更是会完全同意这一点。虽然随着时间的推移，这些建议愈来愈多且愈来愈无效，但现在很多的市场人士习惯背离券商分析师的建议行事。

（4）华尔街说故事的本领有增无减——因为每个人都知道，卖东西最有效的手法就是说故事。尽管过去一个世纪以来，已经出现过 25 次经济腾飞以及 2 次大熊市，“买进然后持有”仍然是史上最棒的投资故事。同样，几乎每个人也都知道试图预测市场是白费功夫的一件事，因为在过去的数十年里，华尔街已经让这个观念深入人心。每年华尔街都会提出新潮流或新主题，然后利用这些题材来卖东西。

2011 年，华尔街的新潮流是“社交媒体首次公开发行股票、货币交易、风险追逐与规避以及股利”。电视及新闻会吹捧跟这些主题相关的特定股票、基金和策略，激发新的投资兴趣。但你可不要被这些令人振奋的主题给迷住了，你只需要记住，这一切都是华尔街推销手法的一部分，他们明年绝对会用同样的热情，卖给大家不一样的东西。

关键思维

不要忘了，我们现在不是在谈欺骗这件事，而是在谈说故事如何被当作一种哄骗人把钱投入特定投资题材的手法，而且说故事的人还常常称自己从投资人的最大利益出发。说故事的人或许动机良好，但招揽客户才是其天性。在我不算长的华尔街岁月里，我看过人们浪掷几千亿美元追逐故事。这种手法到今天还存在的理由很简单：它的确有用。销量提升了，佣金滚滚而来，公司管理的资产也增加了。人们喜欢故事，并且经常有所回应。

——约书亚·布朗

不管华尔街上层有什么变化，下一次证券经纪人打电话给你推销投资点子的时候，他还是会使用各种“见招拆招推销法”。在过去50年，他们用这种方法卖出成千上万个证券投资点子。“见招拆招推销法”的具体细节如下：

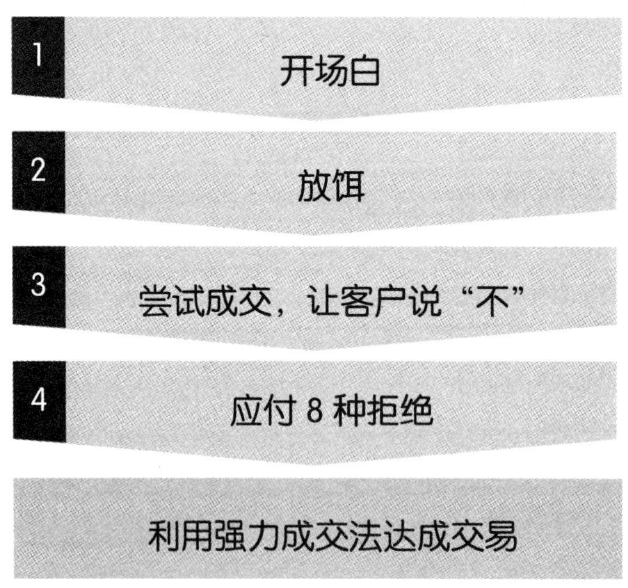

（1）开场白——经纪人会打电话给你，而且

直接喊你的名字，营造出两个人很熟的感觉。

“嗨，XX，我是YY证券的ZZ，最近好吗？太好了！最近我们同事跟你讨论过股市的问题，那个时候我们答应过你，只有在出现很棒的交易机会时，才会联络你。如果你现在手边有笔的话，我要告诉你股票代码，顺便请你记一下扼要说明。如果你准备好了就告诉我……”

（2）放饵——此时经纪人通常会遵循一种“比较—基本面—利多”的模式，例如：

“我想告诉你ABC公司的事。上个月一家跟ABC很像的XYZ公司，因为某国开放市场，允许卖XX产品，交易金额从5美元变成50美元。现在ABC公司也打算进入同样的市场，目前每股获利5美元，股价自由现金流比只有6。显然我刚才告诉你的事，专业投资者早就知道了，但还是有一件事他们不知道。ABC有一个董事可以直接跟该国政府的高层接触，等ABC进入市场的消息正式公布，股价一定会一飞冲天。”

（3）尝试成交，让客户说“不”——经纪人会一直试探你感兴趣的程度，并让你拒绝他。

“要在市场上赚钱，就必须赶在其他人之前找到像ABC这种被低估的股票对不对？有了这个想法，也许你可以投下5万或10万买ABC的股票，让我们开始合作，你说怎么样？”

请注意证券经纪人不会真期待你这么早就说“好”，相反，他们故意要求你答应一件很荒谬的事，制造接下来可以讨价还价的空间。在第一回合的交手中，他们百分之百确定你会说“不”，而且对他们来说，要等你第一次说“不”之后，销售过程才真正开始。当然，经纪人仍会以高度的说服力跟诚意来传递这一切。

（4）应付8种拒绝——接下来，经纪人会让你告诉他，为什么虽然你同意这只股票接下来会上涨，但还是不想下手。他们受过训练，不管你采用以下8种标准拒绝法中的哪一种，他们至少能提出3~5种答案来反驳你。

◎“我再打电话给你。”

“我非常愿意给你我全部的联络方式，但我知道你很忙，你大概不会有时间回我电话。你会有别的事要处理。让我们看看能不能现在就回答你所有的问题，好让你作决定。我实在不希望你错过这个机会。”

◎“我觉得现在市场状况不佳。”

“是的，我了解你担心的事。要是我的话，我也不会在现在这个时候投资其他股票。但即使是股市低迷的时候，还是有一些股票会异军突起，你不这么认为吗？我希望你能给我一个机会，让我证明ABC就是这样的一只股票。另外，你也不可能看到别人做什么才跟着做，这样是赚不到钱的，不是吗？要赚钱的话，你就得抢在众人的前头，对吧？”

◎“我现在手头不方便。”

“我太了解那种感觉了。如果你是我的客户，我要你现在就投资50万，那我会了解你在担心什么。但我没有要你投资那么多，我现在只建议你投资10万，那个数字大概不到你总资产的1%。我希望你能像对待那些管理你大部分资产的经纪人一样对待我。我只是请你迈出一小步，剩下的由我来负责。”

◎“我以前上过经纪人的当。”

“是的，我听过很多别家公司的客户这么说。投资多少不是今天的讨论重点。你告诉我怎么做你会比较安心，我们就那样做。但我可以向你保证，一旦你跟我们公司合作，你就会了解我们有多专业，那个时候你会想，我怎么可能曾经犹豫过呢？我下功夫研究过了，如果你给我一个机会，我不会让你失望的。”

◎“让我先研究一下你推荐的东西。”

“我很荣幸你愿意花时间了解我推荐的股票。这是否代表如果我这次说对了，以后我推荐什么你都会马上接受？我想不可能吧。毕竟事情就像别人说的：‘过去的绩效不保证未来的

结果。’真正的问题在于你有没有看到这次赚钱机会，投资这家公司有没有道理。你不觉得每次投资都是一次独立事件，没有办法靠过去发生的事来判断吗？”

◎“先寄资料给我。”

“好的，我完全同意，作投资决定的时候，看到白纸黑字总是会有帮助。如果我们角色互换，我也会采取跟你同样的做法，要你再多给我一点信息。然而，我们已经看过这家公司所有的资料，也替你做好所有基本的准备工作了。我们甚至跟他们的经营团队碰过面，因此确定他们很快就会发布重要消息。我们要趁股价上扬之前赶快行动。你现在已经知道有这只股票了，难道你要等到所有人都已经先赚一笔了才跟进吗？”

◎“让我想一想。”

“没错，我同意。作出决定之前，一定要先好好想一想。让我再强调一次，我真的不在乎我们第一次合作你投资多少钱。我只关心时机，关心怎么让你比他人早一步。我宁愿你以现在的价格先买一点，然后明天或下星期再以更高的股价，多买个5000或10000股，至少不要完全错过。怎么样，我们可以行动了吗？”

◎“我要跟我老婆商量。”

“好的，我也有另一半，我了解你的意思。你是生意人，你每天都要作很多重要的决定，对吧？那些决定你大概都没有先跟老婆商量，但这并没有关系，因为她信任你的判断，对不对？不要忘了，我们现在不是在谈买房子，也不是要对生活方式作重大调整，你老婆对你决定的事也多半会同意。而且依据我的经验，事后请求原谅会比事先取得同意更容易。我们开始吧？”

证券经纪人接受的训练是这些拒绝的理由都是假的，都只是拖延战术而已。“见招拆招推销法”告诉他们，必须一一推翻这些理由，直到真正的理由出现为止——真正的理由是，这个

潜在的客户根本不认识你。他们会一直重复“拒绝—反驳—强力成交”的过程，直到潜在客户的态度缓和下来，或是直接挂掉电话。这通电话可能持续10分钟到2小时。训练有素的证券经纪人可以利用该方法，让企图岔开话题的潜在客户回到他想要引导的谈话方向上来。

听到潜在客户讲出这些借口，特别是当这个客户从一个借口讲到另一个借口的时候，训练有素的证券经纪人其实会很兴奋。每一扇关上的门，其实都在把潜在客户带到最后的挂掉电话或同意交易。证券经纪人弹药充足，除非潜在客户软化或是把电话挂掉，否则他们绝对不会罢休。谈话内容可能扯到天南地北，但经纪人所受的训练可以让他们把话题导向成交的方向。“见招拆招推销法”的名称就是这样来的。

（5）一旦回应完潜在客户提出的种种拒绝理由，证券经纪人就会采取强力成交法，总结一切，要求客户下单。有几十种强力成交法可供采用，以下是最常见的类型：

◎过往业绩。

“让我问你一个问题。如果过去几年我都是你的经理人，我一直让你赚钱，那么你现在就不会这么迟疑了，对不对？我知道我过去没有为你缔造傲人的业绩，而那正是我今天想努力开始创造的。为了让你安心，让我们从小额投资开始。我们先投资______股，______元，这比我一开始建议的少许多，等股票上涨后，你不会赚那么多，但股票涨幅还是一样。你可以借此判断我的业绩。买______股好吗？还是你想买更多？”

◎避免破局。

“我感觉你是比较保守的投资人，不过没关系——我也一样。假设你买了______股，股价跌了______点，你会损失______元，那会让你变穷吗？而如果我是对的，这只股票跟预期的一样，涨到______元，你赚到______元，就会让你变富翁吗？没错！我也不会变成富翁——我的佣金上交给公司和政府以后，根本连买午餐都不够。我今天唯一想达成的目标，就是引导你在正确的时机进场，并在正确的时机出场，让我们开始合作吧。开个账户买个 ______ 股，投资 ______ 元在这家很优秀的公司，用一小笔钱，给我一个机会。如果接下来的 60~90 天你不满意，你就开除我这个经纪人。我会帮你把股票卖掉，把钱寄给你。相反，如果我是对的，未来我们再做更大笔的投资，好吗？”

◎“我只有一次机会。”

“让我这样问你，如果我让你在 ______ 元的时候投资 ______，然后股价一落千丈，你还会再听我的吗？你大概还是会听我说，但你不会再买。相反，如果股价一路从 ______ 元涨到 ______ 元，下次我们在合作的时候，你就不会那么迟疑了，对不对？我知道我只有一次机会让你赚钱，就一次机会。如果你投资 ______ 元，买

______股，你可以在接下来的60~90天检验我说的话。你就信我这么一次，以后我不会再拜托你相信我，你愿意吗？”

◎“你不会失望的。”

“是的，我成功的原因是我会衡量轻重。如果你买了______股，股票跌了，你大约会损失______元。如果股价涨到______元，你得到的好处，将不只是那一开始的几千元。你真正得到的好处，是跟一个顶尖的华尔街经纪人建立起关系，这个人会一直不断帮客户赚钱。我们就这样试试看好不好，你先买______股，然后给我60~90天的时间。如果你对这只股票不满意，或对我不满意，你就把股票卖掉，我把支票寄给你，然后事情就结束了。但如果那只股票就像我说的一样，答应我，以后我们就不进行这么小额的尝试了。让我帮你买______股，你不会失望的。”

最积极的“见招拆招推销法”是一种冲动销售。在过去的岁月里，有成千上万人接受过这样的训练与熏陶。自从希尔森雷曼公司在纽约水街跟麦迪逊大道上的分公司开始采用该法后，无数的董事会议跟券商训练课程一再传授这个方法。这个方法就跟多数强大的武器一样，有时被用来推销好的东西，有时被用来推销邪恶的东西。勤奋的经纪人跟客户之间数十年的情谊，就是用这种方法建立起来的。那些乱报价格的骗子跟利用店头交易卖“自家股票”的人，也使用这个方法。就像核能可以为家家户户供电，也可以摧毁整座城市一样，“见招拆招推销法”可以让投资人碰到好的经纪人，但也可能碰到坏的经纪人。

一般来说，证券经纪人都不能帮你赚钱。最根本的一个原因就是他们把一天之中大部分的时间都拿来练习、使用或是向其他人传授这个推销方法。如果有些话听起来有点陈腔滥调或虚情假意，不要忘了，那是因为陈腔滥调有效，虚情假意可以卖出股票并且让人开户。

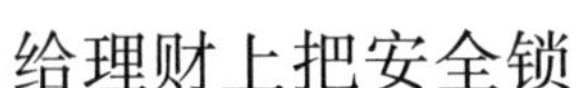

关键思维

证券经纪人服务客户的方式，跟鸳鸯大盗对待银行的方式没两样。

——威廉·伯恩斯坦，知名财经作家

四　更好的明天

华尔街跟一般投资大众之间，目前仍有严重的鸿沟。美国的金融服务业本质上存在着问题，包括利益的冲突、不择手段的销售手法、误导式的营销以及隐藏的费用。身为投资人，顶多只能避开一些比较明显的证券市场地雷，然后接种预防针，让自己能对抗华尔街的营销功夫。每次当你受到它迷惑的时候，提醒自己投资公司的存在是为了替老板赚钱，你没有义务帮它达成这个目标。

以下是几种你应该避之唯恐不及的华尔街投资：

（1）特殊目的的收购公司——这种公司的发起人聚集大量资金与一个经营团队，然后四处寻找可以收购的企业。这是一种诡异的企业模式，纯粹只帮发起人赚钱。2007年的时候，总计超过113亿美元的钱被倒进57家这种公司，然后就从排水沟消失得无影无踪。这简直是个笑话。

（2）只有一种药品的生物技术公司——正在等美国食品药品管理局认证的公司。实际上，能通过认证的是特例，而不是常态。20家公司里，19家会申请失败。不要让你的投资资本暴露在风险中。上涨空间听起来很诱人，但你的钱有95%的可能会就此蒸发。这种做法太冒险了。

（3）私募——这种事一向都是骗局。你把你的钱放进去，然后钱就消失在黑洞里。他们再也不会回你电话，也不会再有什么频繁的股东沟通。几乎所有的私募投资，最后的结局都是发起人跟你的钱一起凭空消失。

（4）石油跟天然气有限合伙公司——只有等到油井干了以后，才会有这种东西。

（5）保本基金——只有市场崩盘了以后，才会有这种东西。

（6）保险经纪人卖的资产管理服务——这就像是让美发师帮你整修屋顶一样。

（7）任何宣称自己有办法征服市场的人——这永远都是骗局。如果有用的话，他们怎么不自己用，还跑来告诉你，要你拿钱出来？

（8）自行保管客户基金的金融顾问——这意味着你的钱没有独立的单位帮你看管。这种方式最后都会以泪水收场。

（9）货币经纪人跟外汇网站——那些宣称他们可以判断哪种货币会上扬的人。这纯粹是高度的杠杆投机，而且由你买单。

（10）管理期货基金——这种方式永远都有众多的隐藏费用，就算能赚钱，也全都进了发起人的口袋。

华尔街的推销功夫十分高超，但真相更强大。只要能更多地了解投资界的真正做法，人们就能作出更好的选择，变成更好的投资人。美国跟它的金融服务业之间的互动方式，有着根本性的问题，双方要各打五十大板。投资人把恐惧、贪婪、不切实际的期待、不肯动脑思考跟缺乏耐性带到台面上，而投资专家也常常用有问题的方法来应对投资人的问题，像是冲突的商业模式、不顾一切的销售手法、欺骗式的营销以及隐藏的费用。双方之间造成的反生产力的鸿沟，也许从来没如此深过。

所以对于美国金融市场的未来来说，什么才是比较好的方式呢?

（1）散户投资人必须学习金融知识，而不是期待证券经纪人把自己的利益当成最重要的事。投资人了解的东西愈多，就愈不会草率行事。现在有很多致力于提升大众金融知识的做法，我们应该给予支持。

（2）法律应该制定单一的受信标准，规范所有服务于一般大众的投资专业人士。偶尔采用适合度标准是一件荒谬的事，应该有统一的标准。

（3）随着投资在股票指数基金的钱快要超

过投资在共同基金的资产，我们应该以某种方式进行宣传，教导一般投资人如何操作股票指数基金。最终每一个人都会了解，只拥抱指数的积极管理型基金是在浪费时间跟金钱。

（4）科技可以让散户投资人用更理想的方式来管理自己的钱，还能让他们在不远的未来，制定无缝的整体投资与资产配置决策。我们应该推动更简单更透明的大众投资。

（5）证券经纪人应该让自己变成遵循受信标准的投资顾问并收取管理费，而不是依据成交数量或卖出的金融商品来收取佣金。华尔街的企业模式必须进行大改造才能做到这点，但很多券商已经开始朝着这条路走，并且建立了独立的顾问服务业务。我们应该找出更多方法和工具来鼓励这样的做法。

我希望传统的金融业最终能够理解，在金钱

的背后有活生生的人，他们怀抱着希望和梦想生活在真实的世界。帮助这些人在金钱上作出更明智的决定，绝对是一种神圣的托付。

——卡尔·理查德，财经作家

高频交易员

一场华尔街的革命

Flash Boys

A Wall Street Revolt

原著作者简介

迈克尔·刘易斯（Michael Lewis），彭博新闻社专栏作家和《名利场》特约撰稿人。涉猎主题广泛，文章见于《纽约客》、《纽约时报杂志》、《运动画刊》等。首部著作《说谎者的扑克牌》使让他跻身国际畅销作家之列，另著有《大空头》、《自食恶果》、《攻其不备》、《魔球》等畅销书。并为电视节目《夜线》拍摄短片及担任旁白，为广播节目《美国生活》录音，还为英国BBC广播公司制作了一部关于网络社会影响力的纪录片。毕业于美国普林斯顿大学和英国伦敦经济学院。

本文编译：黄玩

主要内容

内幕与真相

公开股票交易所引进某些订单形式和速度优势，让高频交易商得以用来剥削其他人。这种情况就像赌场里一台出故障的老虎机，它会一直送钱，直到有人把它说出来。但是，玩这台老虎机的人会说出去吗？

高频交易是指通过超快的电脑运算和连线速度，在百万分之一秒间进行价差套利。一方面交易员可以抢先一般投资者下单，一方面也可以在下单后不到一秒内撤销交易指令，从而试探市场反应或扰乱市场信息。

现在不仅包括高盛和摩根士丹利在内的跨国投资银行纷纷成立高频交易部门，许多原本在大券商工作的交易员与电脑程序专家，也跳槽成立专门进行高频交易的专业券商。它们完全不管投资前景，只靠电脑操作从每股交易中赚取不到1美分的价差。考虑到现今美国股市的交易量，这笔看似微薄的利润每年可达100亿到220亿美元的规模！

当发现问题的人利用问题赚钱，谁来把关

作者迈克尔·刘易斯曾在所罗门兄弟伦敦分公司当过债券交易员，对金融市场有理论、有实践，还有人脉，尤其擅长用生动的笔触来揭露华尔街的暗黑内幕。1989年他出版畅销书《说谎者的扑克牌》，因大爆华尔街债券交易圈内幕而一举成名，后来又分别以棒球及橄榄球为题，出版了《魔球》及《攻其不备》。这两本书随即被翻拍成电影，并获奥斯卡奖提名。

这次他重返熟悉的华尔街，新书出版一周便创下13万册的销售纪录，并在财经电视网与书中主角布拉德·胜山一起和巴兹全球市场公司总裁奥布瑞恩针对高频交易进行了激辩。巴兹全球市场公司是新崛起的电子证券交易所，2005 年才创立，却靠着高频交易在短短 8 年间跻身全美第三大证券交易所，仅次于纽约证交所和纳斯达克。

布拉德·胜山原本是加拿大皇家银行证券交易部门主管。他发现市场上出现一种利用一般投资大众的无知来赚钱的“高频交易”策略，因而决心创造新的交易平台，为所有投资人提供一个公平的竞赛场。

就算有人把关，谁肯放弃既得利益呢

然而，一切却不如胜山预期的顺利。大家都承认高频交易是很不妥当的行为，但是真正用实际行动与之对抗的却寥寥无几。因为所有华尔街的主要玩家都有自己的“黑池”，私人交易所在不需要公开委买单和委卖单的情况下撮合买卖双方。而经营黑池交易的人也都向高频交易商出售他们取得黑池买卖信息的渠道，费用可能高达数十亿美元。

与此同时，高频交易程序设计师赛吉·亚烈尼可夫被控从高盛集团窃取软件并用它“以不正当方式操控市场”。作者迈克尔·刘易斯则从该事件中看出奇怪的现象：如果这件事严重到需要联邦调查局出动探员，那么高盛集团拥有这样的软件是合理的吗?

刘易斯在纽约自由广场一号的23楼找到了答案。在这里，胜山带领着一群放弃大型银行、证券交易所以及高频交易商高薪的精英团队成立了“投资人交易所”，用一种堂吉诃德式的精神，直接挑战已经被暗黑势力严重腐蚀的金融系统。本书讲述了暗黑华尔街的真实故事，而且这一故事仍在持续上演。

一　史普雷得网络

这条线路的创建者也不确定它会被如何使用。他们只知道想要它的华尔街人士可是想得要命，而且还想方设法让其他人无法拥有它。

丹·斯皮维在2009年夏天展开了一项秘密建设计划，用光缆把芝加哥的一个数据中心和新泽西北部的一家股票交易所连接起来。斯皮维原是一名期权交易员和造市者，他不希望这条光缆和普通横越全国的标准线路一样循着铁轨架设。斯皮维要求缆线必须尽可能采取最直接的路线铺设，即使这意味着必须凿穿阿勒格尼山脉。

丹·斯皮维说服网景通讯公司前CEO吉姆·巴克斯代尔出资支持这项总额达3亿美元的秘密建设计划。他们把公司命名为史普雷得网络，并把这项建设计划保密到2010年3月——大约是预计完工前的3个月，然后才开始向华尔街交易商提供这条线路的使用权。他们的售价是：5年期租约要价1400万美元。这条线路的容量是200名用户，所以只要全部售出，史普雷得网络的营收就可以达到28亿美元。

史普雷得网络通过一条光缆，使信号只需13毫秒（千分之一秒）即可在芝加哥和新泽西之间往返。比起当时由Verizon、AT&T、Level 3等既有电信业者提供的一般缆线，所需的信号传输时间明显更短。

斯皮维和芝加哥交易所的所有交易员一样，看出根据纽约和新泽西个股交易的现价，在芝加哥进行未来合同交易能够赚多少钱。每天在成千上万的时间点会出现价格不一致的现象，碰到这种状况，你就可以用高于股票原本价格的金额出售未来合同。要获得利润，你必须能快速到达这两个市场。

所谓的“快速”一直在急剧地变化。过去，确切说是2007年之前，交易员的速度受到人为因素的限制。交易员在交易所楼板上工作，你想买卖任何东西都必须通过他们。到了2007年，交易所纯粹就是数据中心里的一堆电脑。通过它们进行的交易，速度不再受到人为因素的限制，唯一的束缚是电子信号在芝加哥和纽约之间的传递速度。或者更精确地说，是坐落在芝加哥交易所的那间数据中心和新泽西州卡特莱特的纳斯达克证券交易所旁的那间数据中心之间，电子信号的传递速度有多快。

电子信号的往返时间起伏不定。有时候，信号往返费时16毫秒甚至更久。利用史普雷得网络的缆线，交易商就可以抢先于其他所有未使用这条线路的业者，而这就是斯皮维销售史普雷得网络使用权时的卖点。

只是比其他线路快了几毫秒，却没有取得任何额外利益，那么为何华尔街的交易商和银行会抢着支付1400万美元来租用一条高速光缆呢?这一切都归结到一个非常简单的套利原理——用一个价格在某个市场买某个东西，然后立即转到另一个市场用更高的价格把它卖掉。

从对这条新高速光缆使用权的争夺中，可明显看出金融市场本身也在快速改变。一种新型的交易商正崭露头角。可以确定的是，很多业者正使用新策略赚钱。这些新策略在某些细节上或许有所不同，然而大家几乎都凭借比股票市场中其他人更快速的反应来赚钱。史普雷得网络是真正的战局扭转者，为了持续运用这些新策略，交易商别无选择，只能支付史普雷得网络要求的1400万美元。

即便在那个时候，这条线路的创建者也不确定它会被如何使用。他们对此仍旧不明所以，只知道想要它的华尔街人士可是想得要命，而且还想方设法让其他人无法拥有它。在斯皮维和大型华尔街企业的第一波会谈中，他告诉这些企业老

板的线路价格方案是：如果采用预付方式是 1060 万美元加上成本，分期的话大约是 2000 万美元。这位老板说他得离开思考一下。回来后他只有一个问题：“你可以把价格再提高一倍吗？”

二　加拿大皇家银行

等胜山和帕克厘清怎么回事之后，他们也就理解为何拥有快速连线的人能赚大钱。他们唯一关注的问题是其中牵涉到的道德问题。对他们而言，这些交易员似乎是靠着剥削毫无防备的大众投资人来赚钱。

早在2002年的时候，加拿大皇家银行（世界第9大银行）就决定要“大力冲刺”并成为华尔街的主要玩家。它在纽约设立了一间办公室，招募了一些加拿大籍员工。这些员工当中，有一位24岁的交易员名叫布拉德·胜山，他自从搬到纽约后就一直从事美国科技股和能源股的交易。几年之后，他被提拔为加拿大皇家银行证券交易部门的主管，部门内约有20位交易员。

加拿大皇家银行在2006年年末以1亿美元并购了卡林金融公司（一家电子股票市场交易公司）。这时由于文化冲击而形成一些有趣的状况，但是那些状况完全被忽略了，因为胜山开始注意到金融市场上有些怪异行为。

胜山和其他交易员谈得愈多，他对这些行为的了解愈深。过去交易员一直都相信自己可以根据显示器上的信息看见市场。但现在每当有新买家或卖家出现时，市场似乎就会快速地发生变化。

大约在同一时间，公开市场正经历动荡。当胜山在2002年到达纽约时，整个股票市场交易有85%属于纽约证交所，15%在纳斯达克。2005年股票交易所从公用事业单位变成上市公司，从而允许更多竞争。到了2008年早期，已经有13家不同的公开交易所在运营，包括巴兹、Direct Edge和纳斯达克等等。

每家股票交易所都有自己的收费结构和赚

钱方式。有些交易所向卖方收取费用，有些则要求买方支付费用。还有更新型的投资商已经出现在市场上，利用一种还没有人能解释清楚的“高频交易”策略赚钱。为了了解金融市场到底发生了什么事，胜山决心增加自己对相关科技的了解。他接触了一位加拿大同胞罗伯·帕克，这位同胞在离开加拿大皇家银行后自行创业。罗伯·帕克的专长就是科技。胜山认为，如果有人能够用白话说明电脑上究竟发生了什么事，一定非罗伯·帕克莫属。

当胜山和帕克查明到底发生什么事时，他们对于金融市场变得如此复杂并对科技如此依赖感到震惊。除了散布在纽约周遭的13家公开股票市场，所有的大型玩家也都在操作自己的“黑池”——它们在这里撮合买方和卖方，并且不需要向公开交易所支付费用。这代表实际上差不多有60个不同的地方可以买卖上市股票——每个地方都有自己的规则和科技。

对于纳斯达克、纽约证交所或其他如巴兹和Direct Edge等新竞争者来说，所谓的“交易员”指的是一堆安装了“撮合引擎”程序的电脑服务器。交易中并没有可以说话的对象。你在电脑上输入资料向交易所下单，然后订单被送到交易所的撮合引擎。曾在华尔街大银行向大型投资人叫卖股票的家伙已经被重新安置。他们现在卖的是算法或是由银行编码的交易规则，让投资人用来在股票市场下单。创造这些交易算法的部门就叫做“电子交易部”。

市场现在纯粹只是一个抽象的概念。它已无法在人们心里产生任何鲜明的画面。旧式行情信息仍在电视机屏幕底部跑动，但其实它所代表的只是现实交易的一个细微片段。市场专家也仍然在纽约证交所进行播报，但交易早就不在那边进行了。

一位市场专家如果真的要进入纽约证交所，他就必须到新泽西州的莫瓦市，爬进锁在武装部队和忠心德国牧羊犬看守的堡垒内，到达一座黑暗的上锁牢笼中高高堆叠的电脑服务器。如果想得到整个股票市场的概况，哪怕只是英特尔或其他单一公司的交易，他也必须查看遍布在新泽西州北部的其他12家公开交易所的电脑打印资料，再加上数目一直增长的黑池所产生的私人交易记录。一旦尝试这么做，他很快就会发现，其实并没有任何电脑打印资料存在，至少是没有可靠的资料存在。这个新的金融市场无法在人心里产生任何画面，有的只是那张现在已死去的市场的发黄照片，权充这个存活物的替身。

到了2007年6月，高频交易问题已经大到无法忽略。一家新加坡的电子公司宣布它企图以每股略低于4美元的价格，买下规模比它小的对手旭电公司。一位大型投资人打电话给布拉德·胜山，说他想出售500万股的旭电公司股票。股票公开市场纽约证交所和纳斯达克显示，彼时市场上旭电公司的股票价格在3.70~3.75美元之间。也就是说，你可以以每股 3.70 美元的价钱出售，或是以 3.75 美元的价格购买旭电公司的股票。

问题是，用这样的价格只会产生 100 万股委买和委卖。这位想出售 500 万股旭电公司股票的大型投资人之所以打电话给布拉德·胜山，是希望他能承担其他 400 万股的风险。

因此，布拉德·胜山以每股 3.65 美元的价格买下了这些股票。但是当他转向公开市场，也就是他的交易显示器所呈现的市场时，那只股票的价格却立刻发生了变化。

他无法以原本预期的每股 3.70 美元的价格出售 100 万股，而是只卖掉了几十万股，还造成旭电公司股票差点崩盘。就好像有人知道他想做什么，然后在他还没有完全表达出来之前，就已经对他的出售企图作出回应。当他把 500 万股全数售出时，每股价格已经远低于 3.70 美元，因此让他赔了一小笔钱。

经过许多次实验之后，胜山和帕克终于发现，每当一笔订单同时送到多家交易所时，这个问题就会发生。订单到达每个交易所的时间有些微不同——以毫秒计算。因此那些具有快速连线的交易商有足够时间购买较慢市场的股票，然后再转身把它们卖给原来的买方。在金融市场，这种现象叫做“抢先下单”。这是利用电脑交易而产生的又一种套利方式。它之所以可行是因为网络在不同的交易所间有不同的延迟或连线速度。

等胜山和帕克发现真相之后，他们也就理解了为何拥有快速连线的人能赚大钱。他们唯一关注的问题是其中牵涉到的道德问题。对他们而言，这些交易员似乎是靠着剥削毫无防备的大众投资人来赚钱。于是他们请一位程序设计师开发了一套计算订单送达时间的软件工具，并对送到快速市场的订单加上一些延迟。这样所有的交易所都会在同一毫秒收到订单，而快速交易商就无法在一个接一个的市场里抢先下单。这套名为

“索尔”的软件效果很好。

当胜山和帕克向某些大型理财公司说明索尔的运作方式并进行示范时，公司管理者们都觉得难以置信。他们一直怀疑有某些古怪的事情正在发生，但是没有任何人能这么清晰地加以说明。在坐定想清楚后，他们认为这种抢先交易对一只股票价格所造成的变动可能还不到该股价的千分之一。

然而，美国股票市场每天平均交易量高达2250亿美元，这表示这些进行抢先交易的公司每天可能会赚进大约1.6亿美元！

最可能抢先操作的机构就是高频交易商。这些新加入者运用精密的算法和超快速度的电脑网络，在毫秒之间进出股市。它们具有高到疯狂程度的获利，然而对一般大众来说，它们的作为仍然像是一种暗黑艺术。

胜山和帕克向加拿大皇家银行的老板建议进行公众教育行动，揭发高频交易商的作为及其对股票市场投资人造成的伤害。然而为了让这一说法具有说服力，他们还需要某个具有高频交易世界内部知识的人来验证他们的结论——他们需要一名来自那个世界的叛徒。

三　索尔程序

有了罗南的协助，加拿大皇家银行开发出自己的光纤网络，彻底拉平传送时间并且让交易更容易预测。通过这样的调整，索尔程序变成加拿大皇家银行可以卖给投资人的一项产品。

在1990年，16岁的罗南·瑞恩从爱尔兰移民到美国。他渴望到华尔街上班，并且在MCI通信公司的纽约办公室找到一份工作。他被指派维护MCI卖给华尔街大型企业的8000台BP机。这件工作是一项挑战，但是瑞恩抓住了问题所在。他从根本上了解了电信接收和传送的来龙去脉。他能够告诉你哪些转换器运行比较快，电路如何运作等等。他很快被提拔到MCI的销售团队，之后被另一家通信公司挖走，3年之后又被挖到 Level 3 通信公司。

直至 2005 年，瑞恩一直为华尔街大型银行工作，负责找出铺设光纤的最佳路线和连接在这些线路上的最佳机器。BT Radianz 在 2005 年指派给瑞恩一项任务，让他向华尔街银行推销 Radianz 位于新泽西州纳特利的数据中心。在进行这项工作时，有一家位于堪萨斯市的避险基金和他接触。瑞恩把它的电脑从堪萨斯市移到 Radianz 的数据中心，并把延迟时间从 43 毫秒降低到 3.8 毫秒。每个人都想比其他人更快，从那时起，对他服务的需求与日俱增。

从 2006 年年初到 2008 年年末，Radianz 帮华尔街企业重新安置电脑，使其接近股票交易所的撮合引擎，收入将近 8000 万美元。令人震惊的是，Radianz 不是唯一做这件事的人——其他的电信公司也在做同样的事。Hudson 公司也在金融区的周遭安置更新且更短的线槽。运用这些技巧的公司，下单的平均时间从 150 微秒降到大约

1.2微秒。这是一场电信军备竞赛，输掉它是华尔街交易商无法承受的事。

罗南·瑞恩在2007年已经34岁。他因为协助企业提升连接速度赚到48.6万美元。这是很大一笔钱，但是瑞恩仍然渴望到华尔街工作，而不是只做一名技术人员。同时，布拉德·胜山仍不断尝试了解高速交易商究竟在追求什么。胜山打电话给罗南·瑞恩要求碰面。在一个小时之内，胜山就向他提出工作邀约，请他担任加拿大皇家银行高频交易策略部门的主管。这项工作的年薪只有12.5万美元，但是胜山会教他市场运作的方式。反过来他也会教胜山高频交易背后的科技。瑞恩接受了这项职务。

这支新团队的首要工作是重新调校索尔。这个程序在保证订单同时到达每一家交易所时具有很好的成效，但是因为线路速度存在着太多变数，使得它无法稳定地持续工作。有了罗南的协助，加拿大皇家银行开发出自己的光纤网络，彻底拉平传送时间并且让交易更容易预测。有了这样的调整，索尔程序变成加拿大皇家银行卖给投资人的一项产品。

胜山和瑞恩作好准备，然后开始拜访华尔街最大的投资人。他们没有用PPT或其他任何设备，在整场销售展示中，他们就只是和投资人坐下来，说明市场上这种新型的金融掠夺者。这些人具有更快的连接速度，因而可以抢在所有人之前掌握交易。这些人正在投资人的眼皮底下蚕食他们的利益并吸干利润。

就在这时候，华尔街发生了一件事，可以完美地说明市场发生了什么样的变化。2010年5月6日下午2点45分，市场在几分钟内下跌600点，然后在10分钟内又反弹到原来的水准。该事件被称为“闪电式崩盘”，没有人能够说明它为什么会发生。几个月后出版的一份美国证券交易委员会报告把这次的事故归咎于堪萨斯市某家不知名的共同基金，认为它错误地放出一大笔股票市场未来合同的委卖单，但是没有人真相信这种说法。这件事反而清楚地显示了以电脑为基础的市场目前正处于危急关头。胜山的电话就此响个不停。

接着在2010年9月，芝加哥一家叫做CBSX的小型股票交易所宣布将向交易户支付佣金，而不是向它们收取交易费用。当时的状况是史普雷得网络在2个星期前开始运作，所以CBSX付钱给经纪商，让它们把客户订单传送给CBSX，这样高频交易商就可以回到新泽西抢先操作这些订单。CBSX付钱给经纪商以取得信息，然后在其他地方赚取更多钱。

布拉德·胜山的团队开始汇总所有蛛丝马迹，了解金融市场发生了什么事。因为揭发了所有其他人都在做的事，他们被认为是诚实的经纪人并逐渐得到信任，但是胜山及其团队也很沮丧地发现仍存在许多得过且过的状况。即便资金经理人惊慌地发现台面下正在发生奇怪的事，而且冲击到他们的获利，但如果维持现状，他们仍然可获得相当大的现有利益。有些人认为加拿大皇家银行这批小伙子的建议只是另一种阴谋论，其他人则公开承认他们依循原有模式的动机是如此强烈，即便背后有些价差他们也能接受。清理市场看起来愈来愈像是一场战争。

四　黑池和美国证交会

除了高频交易商，更多大型投资人也开始关注华尔街大玩家如何操作大型的黑池交易。逐渐明朗的是，某些黑池实际上就是私人交易所，在不需要公开委买单和委卖单的状况下撮合买方和卖方。

2010年年底，胜山、帕克和瑞恩已经将索尔打造成足以对抗高频交易商并适合在市场上销售的武器。他们增聘了一位名叫约翰·施瓦尔的前美国银行及美林证券的员工到他们的团队，通过他了解高频交易世界的知识。

美国证券交易委员会在2007年推出“国家市场系统管理规则”，强迫经纪人必须为他们代表的投资人找到最佳市场价格。这项规则通过的背景是数十名纽约证交所专员在2004年被控触犯抢先交易罪。（为了解决他们面临的指控，这些专员已经支付了2.41亿美元的罚金。）这项新规则迫使股票经纪人在购买股票之前，必须先到更多股票交易所查看，以便购买最便宜的股票。

为了让国家市场系统管理规则发挥作用，所有交易所内的全部股票委买单和委卖单都必须集中记录，并整合到一台由美国证券交易委员会操作、名为“证券信息处理系统”（简称SIP）的电脑上。理论上，SIP是一个很棒的概念，不过实际上高频交易商通过更快速的机器和转接器，建立了他们自己版本的SIP。这代表高频交易商可以先于其他人约25毫秒取得整个市场的概况。同时这也代表它们能够在更大的市场尚不知情时，就先根据自己的所见进行交易。索尔程序则能够从高频交易商手中拿掉这样的速度优势。

索尔程序在2011年的头6个月有很好的销售成绩，但是后来就失去动力了。

投资人为了种种理由付钱给华尔街银行：为了研究，为了保持亲密关系，为了取得接触企业管理阶层的私人渠道，甚至只是习惯使然。他们付钱的方式是把交易交给华尔街银行执行。也就是说，他们相信自己必须将相当一部分交易分配给华尔街大型银行，只是纯粹为了和银行保持既有的关系。加拿大皇家银行的客户到现在还是经常打电话来说："我们喜欢使用索尔程序，但是因为我们也必须付钱给高盛集团和摩根士丹利公司，所以我们就只能和你们做这么点生意。"加拿大皇家银行因为销售这个单纯用来保护投资人免受华尔街伤害的工具，赢得了最受欢迎经纪商的称号。但它吸引的美国股票市场交易永远只有那么一小块，而这一小块根本不足以改变整个系统。

为了得到更多知名度，加拿大皇家银行的营销部门建议胜山为索尔程序申请《华尔街日报》的科技创新奖。这样做也会让大家注意到高频交易商是如何在一般投资人身上占便宜的。

这个想法让加拿大皇家银行的资深管理层十分紧张，他们针对记者的提问设定了严密的准则。他们同时也坚持必须先通知美国证券交易委员会。当胜山和来自美国证券交易委员会的人员碰面时，他惊讶地发现，他们根本不考虑规范高频交易。很明显，消除高频交易将成为一项长期计划。

除了高频交易商，有更多大型投资人也开始关注华尔街大玩家如何操作大型的黑池交易。逐渐明朗的是，某些黑池实际上就是私人交易所，在不需要公开委买单和委卖单的状况下撮合买方和卖方。这么一来就创造了双层市场，并可能造成相关的利益冲突。

胜山和他的团队在2011年5月专注申请《华尔街日报》奖项的时候，罗伯·帕克有了一个想法。他想建议加拿大皇家银行把索尔程序（当时已经申请了专利）授权给某一家交易所，然后这

家交易所就可以从公平对待所有投资人的角度进行推广。胜山的反应是:“那就让我们来设立自己的股票交易所。”

为了实现这项目标，胜山必须找到资金，说服一些高薪人士辞去工作并接受较低的薪资，接着还要研究华尔街大型银行是否有意愿把订单交给这家确实算是公平竞赛场的新交易所。这确实是一件让人为难的提案。

其中最后一项特别关键。除非有大型华尔街玩家参与，否则这家新交易所是无法运作的。而让它们不这么做的理由五花八门:

（1）所有的主要玩家，除了加拿大皇家银行外，都在经营自己的黑池，都想在不支付股票交易所佣金的状况下撮合买卖双方。

（2）每个经营黑池交易的人，也都向高频交易商出售取得黑池委买单和委卖单信息的渠道，总费用可能高达数十亿美元。

（3）现存的所有股票交易所也都向高频交易

商出售邻近它们电脑或设置在同一地点的存取渠道。这项业务同样会给股票交易所带来数十亿美元的额外收入。

（4）美国的金融市场已经变得如此支离破碎，使得依赖科技的投资人对于任何“以他们的利益为重”的诉求，都变得十分小心。有人察觉到高频交易商具有某种优势，但没有人能够搞清楚这项优势或是清楚到足以向一般投资人说明的程度。

五 高频交易的面貌

亚烈尼可夫发现自己被控告的罪名是从高盛集团窃取可以“以不正当方式操控市场”的软件。似乎没有人质疑高盛集团用这么危险的软件做什么，但是每个人都因为一位俄罗斯裔程序设计师拥有这个程序而感到惊恐。

正当布拉德·胜山和他的团队思量自己开设交易所，以便为所有投资人提供一个公平的竞赛场时，一出有趣的戏码正在高盛集团上演。一名担任电脑程序设计师的俄罗斯裔移民赛吉·亚烈尼可夫在2007年被高盛雇用，协助高盛的证券部门应对美国股票市场的剧烈变化。

亚烈尼可夫受雇来改善电脑系统的速度，让高盛得以在这场技术竞赛中竞争。他努力找到更快速的市场信息传送路径，并且优化高盛的系统。这是相当严苛的要求，因为他做的是修补工作，而不是从无到有建立一套更好的新系统。但这项工作正是他最擅长的，亚烈尼可夫也很快成为高盛集团程序团队里的问题解决专家。

亚烈尼可夫在高盛集团任职几个月之后，猎头公司开始打电话给他。在2009年年初，有一家避险基金向他提供超过百万美元的薪资，要他从无到有创建一个新交易平台。这笔钱令人心动，而且建立新系统的想法深具吸引力。亚烈尼可夫向高盛集团提交了辞呈。

亚烈尼可夫同意再待6个星期以交接工作。在这期间，他将一些正在处理的源代码用电子邮件发给自己，其中包括他从网络上下载的开放软件以及他在高盛集团工作期间开发的一些专用代码。他保留这些软件是为了提醒自己如何进行工作，而不是要把它们交给新雇主。尽管如此，当高盛集团发现这件事时，还是打了电话给联邦调查局。

亚烈尼可夫立刻遭到逮捕，被控窃取高盛集团的软件，对该公司来说，它可是值一大笔钱。联邦调查局根据《反经济间谍法》和《国家被盗财产法》控告他。有点天真的亚烈尼可夫放弃了法律辩护的权利，在被逮捕后5小时内就签署了一份自白书。他以为这只是小事一桩，并且最好赶快把它处理完毕——就像是处理一张停车罚单。

当案件在9个月后进行审判时，亚烈尼可夫发现自己被控告的罪名是从高盛集团窃取一个可以用来“以不正当方式操控市场”的软件。似乎没有人质疑高盛集团用这么危险的软件做什么，但是，每个人却都因为一位俄罗斯裔程序设计师拥有这个程序而感到惊恐。

亚烈尼可夫在联邦监狱待了一年后，他的律师们在2012年2月设法让第二巡回上诉法院听取上诉。在上诉开庭当天，法庭下令立即释放赛吉·亚烈尼可夫，理由是他被控违反的法律并不适用于他的案例。亚烈尼可夫被释放之后，没几个月又因为纽约州提出的不同控诉而再次遭到逮捕。州检察官提议他承认有罪，并且以他服过的刑期当作刑罚，但是亚烈尼可夫拒绝了这项提议。他后来因交保获释。

赛吉·亚烈尼可夫签署的自白书是人们听到的关于他的最后消息，至少是直接听到的最后消息。他拒绝向记者发言，在审判时也不愿意作证。他的态度踌躇，口音滑稽，一脸胡须，看起来就像是神秘主义画家埃尔·格列柯笔下的人物——从街道上随机选出的一排人当中，他最有可能被指认为是俄罗斯间谍或《星际争霸》中的角色。针对技术性的讨论，他的发言极其精准，这点在和专家打交道时效果很好，但是在面对一群外行观众时就会显得非常枯燥乏味。在代表美国公众意见的法院，他并不适合为自己辩护。因此在律师的建议下，他没有这么做，甚至在被判决到联邦监狱服刑 8 年并且不得假释时，他仍然长期保持缄默。

关键思维

在金融危机之后，我觉得这件事实在有点奇怪，高盛在当中扮演了如此重要的角色，而所有高盛集团员工中被起诉的，却只有一个从高盛集团取走某些程序的员工。我觉得更奇怪的是，政府检察官主张该名俄罗斯裔移民不应该交保获释，因为高盛集团的电脑程序代码落入坏人手中，可能会被用来“以不正当的方式操控市场”。（高盛就是好人吗？如果高盛集团有这种操控市场的能力，其他银行是否也可以呢？）但是这个案例最奇怪之处很可能是，对那些尝试这么做的少数人来说，要说明这个俄罗斯裔移民做了什么事非常困难。

我的意思不只是他做错了什么事——我是说他到底做了什么事。他的工作通常被描述为“高频交易程序设计师”。然而这不能算是解释，这只是一个艺术词汇。在 2009 年夏天，当时连华尔街在内的大多数人都不曾听过什么是高频交易。为什么让高盛集团有能力进行这项业务的这些程序代码是如此的重要，以至于在发现某个员工复制它时，高盛集团就必须打电话给联邦调查局？如果这些程序代码具有如此令人难以置信的价值，对金融市场又是如此危险，那么一个俄罗斯裔移民又如何能够在高盛集团工作仅仅两年就能取得它呢？

——迈克尔·刘易斯

六　一家更公平的交易所

布拉德·胜山在2012年1月3日辞掉他在加拿大皇家银行的工作，拿这份有保障且年薪超过200万美元的工作交换一个成立一家对投资人更公平的新股票交易所的机会。

胜山需要大约1000万美元，才能雇用协助设计新股票市场的人才以及编写构成这个市场基础的程序代码。他希望，甚至假设这些大型投资人能够提供给他成立这家新股票交易所的资金，但是每10场推销会议中有8场一开始人们就会问同一个问题：“你为什么要做这件事呢？你为什么要攻击一个已经让你致富，而且只要继续沿用还会让你变得更富有的系统呢？”如同某一位投资者在布拉德·胜山背后所说的：“我对布拉德有一个疑问，你搞清楚他为什么要当罗宾汉了吗？”

胜山用超过一年的时间凑足新股票交易所需要的1500万美元创业资金。几乎所有的华尔街银行都表示了投资的兴趣，但是胜山知道如果拿了它们的钱，他就会丧失独立性和可信度。在2012年年底，有4家投资机构和9家不同的大型理财公司承诺出资1500万美元。除了得到开创新股票交易所需要的资金，胜山也吸引了一群科技专家加入这场战争。除了与胜山一起离开加拿大皇家银行的罗伯·帕克和罗南·瑞恩，随后加入的包括唐·波勒曼、丹·艾森、弗朗西斯·钟和康斯坦丁·史科罗夫。这些人都有在华尔街或是替华尔街大型玩家工作的经验，并且也都知道这场投资游戏是如何在那些浑然不觉的一般投资人身上做手脚的。公平竞赛的概念吸引了加入胜山团队的每一个人。

新交易所需要一个名字，他们把它叫做“投资人交易所”，简称IEX。它的目标不是消灭鬣狗和秃鹰，而是要更巧妙地根除杀戮的机会。要

做到这点，他们就必须弄清楚是哪些方式让金融生态系统较有利于掠夺者而不是猎物。

IEX 的营运计划具有几项元素，这些元素被设计用来处理高频交易到达现有交易所时必然会产生的问题：

（1）IEX 不允许任何交易商把它们的机器设置在接近交易所电脑的地方，即没有人可以抢在其他人之前取得关于市场现况的信息。而截至 2011 年年末，纳斯达克超过 2/3 的营收来自允许高频交易商把机器和纳斯达克自己的电脑安置在相同的设施中。IEX 会采取其他更透明的方式创造自己的营收。

（2）IEX 对于所有连接到交易所的线路设置固定的延迟，借此让靠速度造成的套利根本无从发生。工程师计算出需要 350 微秒的延迟才能确保所有交易商同时取得信息。IEX 的做法是在处理交易的电脑和提供市场渠道的电脑之间，架设 61 千米长的线路。由于这两座数据中心在实体上只相隔 16 千米，一个存放 61 千米线路的机箱就被塞在其中一组机器旁边，以模拟这种距离的效果并产生不可或缺的 350 微秒延迟。

（3）公平起见，IEX 废除了近来激增的所有古怪、混杂（且复杂）的市场订单。取而代之的是 3 种不同订单：

◎市价——以目前的市场价格买卖。

◎限额——以特定价格为限进行买卖。

◎中间值——以当时买单和卖单之间的中间值作为买卖的价格。

（4）为了确保 IEX 的动机和一般投资人一致，IEX 不允许大型企业或是银行拥有 IEX 的股票。所有 IEX 的拥有者都是一般的投资人，他们会把他们的订单交给经纪人，而不是自费进行交易。

（5）IEX 会对交易双方收取相同额度的费用——每一股 0.09 美分。它不会向任何交易商支付佣金，也不会对任何高频交易商提供快速取得信息的渠道并获取收入。

胜山和他的团队对于已知的高频交易商用来“巧取”金融市场的所有花招，都小心谨慎地进行处理。他们设计自己的系统，处理这个速度时代出现的利益冲突。现在唯一让他们担心的就是他们不知道自己还有哪些没发现的事。他们不确定是否遗漏了什么将来有可能反过头来伤害他们的盲点。

因为新股票交易所有这样的设计，所以它会就美国股票市场及整个金融市场的内部运作提供各式各样的新信息。例如它并不禁止而是欢迎想在它这里进行交易的高频交易商。如果高频交易商能在金融市场里提供有价值的服务，在去掉它们不公平的优势之后，IEX 应该继续提供服务。一旦开门营业，IEX 就能够观察高频交易商在这家新交易所做了什么，从而了解在这片市场中它们做的事能起多大作用。唯一的问题是在新交易所的设计当中，是否考虑了市场掠夺的所有可能形式。

七　投资人交易所

胜山指出，IEX的成立，是为了揭露华尔街既有的利益冲突及其对一般投资人造成的不利影响。对于胜山和他的团队来说，钱并不是重点，这是一项揭穿被操控比赛的尝试。

IEX在2013年10月25日正式开业进行交易。此时公司拥有32名员工，他们被要求预估第一天会完成多少股票交易。平均预期是第一天会有15.95万股，第一周则会有250万股。结果，IEX开业当天最后的交易量是56.8524万股，第一周则是稍微超过1200万股。要达到损益平衡，IEX每天必须有5000万股的交易量。

首批使用IEX的交易商多半是地区性的经纪公司以及少数没有黑池的华尔街经纪商——也就

是加拿大皇家银行和桑福德伯恩斯坦公司。一直到2013年12月19日才有华尔街主要玩家愿意使用IEX。当时，高盛集团把它的订单交给IEX执行。在15分钟之内，IEX就完成了超过2500万股的交易，市场占有率超过标志性的美国证交所。布拉德·胜山并没有错过高盛这个动作背后的象征意味。

高盛集团曾经坚持认为美国股票市场必须改革，而IEX就是改变它的地方。如果高盛集团愿意向投资人承认这个新市场就是得到公平和稳定的最佳机会，那么其他银行就会被迫跟进。愈多的订单流到IEX，投资人得到的体验就愈好，那些银行也就更难逃避这个公平的新市场。在高盛的订单流入IEX时，股票市场有点像是一条想漫过河岸的河流。唯一需要的是有个人拿着铲子挖出一条沟渠，接下来的事就靠水的压力完成——这就是为什么过去一逮到有人在密西西比河河岸掘土就马上枪毙的原因。布拉德·胜山就是带着铲子的人，置身在河流最脆弱的蜿蜒处，然后高盛带着炸药前来协助他。

大约在3星期之后，布拉德·胜山站在一个16人的团体前——他们是经营主管或是某些世界级理财公司的首席交易员，就他从IEX的数据中知道的事进行说明。

这16个投资人掌控了大约2.6万亿美元的股市投资，差不多是整个美国股市的20%。在华尔街每年从股市佣金中赚到的110亿美元中，他们合计付给华尔街大型银行22亿美元。他们的心态不尽相同。其中有少数是IEX的投资人，但是大部分不是。

有些人抱持着心照不宣且看似成熟的观点，认为理想主义者要想在华尔街产生影响实在是太天真了。有些人则认为科技已经把交易成本降到最低，而对于华尔街中介机构的花招却睁一只眼闭一只眼。

然而不论倾向如何，因为过去几年间听了布

拉德·胜山关于美国股市内部运作的描述，他们至少都有点气愤。他们现在不太把布拉德当作一个推销员，而是当作一个正在用堂吉诃德式的努力修正已经被严重搞砸的金融系统的伙伴。

这些投资人全都知道IEX的基本商业策略：先以一家私人股票市场的身份开业，然后当交易量足以支付必要的数百万美元监理费用时，再转型成公开交易所。此外，他们对于听取胜山对整个华尔街正在发生的事件的描述也深感兴趣。对于自己被迫在这个让人愈来愈像是被操控的比赛中交易，他们同样感到沮丧。

就在这场会议进行的数天之前，纽约证交所宣布，它正在加宽高频交易商电脑和它自己的订单撮合电脑之间的信息传输线路。使用这条改良新线路的费用是每个月4万美元——高于上一代线路所收取的每月2.5万美元。这表示高频交易商现在已经准备好每年支付将近50万美元，使用能够让它们快上大约2微秒的线路。胜山指出，快上2微秒取得信息并不会让市场变得更好，但是高频交易商却非常畏惧自己慢同行一步，而纽约证交所则找到借助这种焦虑获得现金的方法。

胜山接着指出，IEX存在的唯一理由就是创造透明度，并希望借此创造改革的压力。但IEX在这方面的表现十分失败。

虽然就技术上而言，IEX也算是黑池，但它却做了其他华尔街黑池不曾做到的事：它发布了自己的规范。投资人首度可以看到这家交易所允许哪种类型的订单进行交易以及是否存在某种特殊渠道。身为黑池的IEX尝试借此建立透明度的新标准——其他人或许会羞愧地追随它，但也或许不会。“我曾经以为至少会有一家黑池追随我们发布自己的规范，”布拉德·胜山对投资人这么说，“市场必须不再遮掩。我的预测是在所有市场中，会有六七家这么做。但没有，完全没有。现在有45个市场，其中在44个市场没有人知道它们如何进行交易。”

IEX 头几周交易中搜集到的资料显示出在所有交易都已经由电脑取代人力的现代华尔街中，投资游戏实际是如何进行的。它的运作方式就像这样：

（1）当某个经纪商拿到一张大买单，它会依法律规定向所有交易所送出 100 股的订单。这一动作会确定当下卖家的位置。

（2）如果有某个卖家在 IEX 或其他类似的交易所，这名经纪商就会持续向该交易所送出 100 股的小订单，这样就会吸引高频交易商的注意，它们会急忙买下该交易所所有待售的股份。接着这些高频交易商就转身用比原来更高的价格出售这些股份。

（3）一旦发生了这种状况，那名经纪商就会把原买家的订单转到自己的黑池，在那里进行交易，向买卖双方收取佣金。在这些黑池里的所有交易都是保密的。不过券商可以把自己黑池里的订单信息销售给愿意为这些信息付费的特定高频交易商，从而产生额外的收入。

（4）接下来的交易就在黑池里完成，价格则会略高于在公开市场中一次成交的应有价格。投资人输了，而价差则由券商和有机会进行抢先交易的高频交易商瓜分。

胜山指出，IEX 的成立是为了揭露华尔街既有的利益冲突及其对一般投资人造成的不利影响。他也透露拥有纽约证交所的洲际交易所曾经在 IEX 开业之前，提议以数百万美元买下它。IEX 的拥有者和股东本来有一个快速致富的机会，不过这项提议最终还是被拒绝了。对于胜山和他的团队来说，钱并不是重点，这是一项揭穿被操控比赛的尝试。

换句话说，科技把这个自动化的金融市场变得让一般投资人无法了解。现在事情发生在每股不到 1 美分的规模，并且以只有电脑才有办法计算的速度发生，使得监理机关和一般投资人都无

法理解。唯一能够确定的是，现在的股票市场已经变成一场受到操控的比赛，有人正在利用科技取得优势。

基本上，交易股票的地方愈多，高频交易商介入某家交易所的买方和另一家交易所的卖方之间的机会就愈高。电脑科技一开始承诺的是消除金融市场的中间商，至少也是要降低它们在市场上抽取的数量，现实却变成金融中介机构在牟取暴利。这项利润每年大约有100亿到220亿美元。

简单来说，金融市场正处于转型当中。传统的大玩家——华尔街银行和大型券商现在发现自己被边缘化，不再处于这个金融宇宙的中心。华尔街大型银行的兴盛是因为它们拥有取得巨额资金的渠道，这让它们有能力安全度过市场上不可避免的起伏。今日的高频交易商则利用速度创造没有任何风险的套利机会。商频交易员每天回家时手上并没有任何股票，而且只有在确知自己掌握优势的时候才会进场。高频交易的到来，已经在根本上永久地改变了金融市场的本质。

最重要的一点是高频交易就像是对投资课税。这些金融中介商的收入高达数十亿美元，因为它们调整新信息时可以比其他任何人都快上几毫秒。这些行动的新目标就是速度，而不是市场的稳定度。高频交易商从市场上吸取的金钱是由经济体系支付的。它们吸取的资金愈多，经济体系中能留给生产事业的资金就愈少。

一家华尔街大型银行在这个愈来愈快的金融市场中只剩下一项优势：最先掌握自己顾客的股票市场交易。只要这些顾客仍旧待在黑池里面，银行就仍然可以通过在黑暗中牺牲他们而获利。美国股市的新架构已经消除了华尔街大型银行曾经的有利可图的中介角色。同时，任何大型银行也都有令人心烦的风险：顾客终究会弄清楚他的股票订单发生了什么事，而且科技也可能出错。当你思考华尔街大型银行和高频交易商的关系时，它就有点像是整个社会和华尔街大型银行之间的关系。当事情顺遂的时候，高频交易商拿到最多利益；当事情转坏时，高频交易商就会消失，由银行承受损失。

关键思维

一旦非常聪明的人被支付大量金钱并受雇来利用金融系统中的瑕疵，他们就会有更强的毁灭性动机，把系统更进一步地搞坏，或是在看着别人搞坏它的时候保持沉默。最终的产物就是一个纠缠不清的金融系统，解开它需要一种商业英雄主义的行动——即便如此，修正也可能无效。让系统运作不良比让系统运作良好更可以使精英们轻松地赚大钱。因此，整个文化必须有所改变。“我们知道如何治疗这种状况，”正如布拉德·胜山曾经说过，“但是重点其实在于病人是否想要被治好。”

——迈克尔·刘易斯

低调致富策略

开辟额外收入 11 法

Stealth Income Strategies for Investors

11 Surprising Ways You Can Easily Boost Your Income by $20,000 to $100,000 This Year

·原著作者简介·

马克·摩根·福特（Mark Morgan Ford），《棕榈滩通讯》编辑。以迈克尔·马斯特森的笔名出版了十几本书，包括《年轻人的5大财富》、《准备就绪、发射、锁定和更改跑道》等。曾创办多家公司。1982年他搬到佛罗里达州，在一家出版公司工作，在39岁退休前，将这家公司的年营业收入提高到1.35亿美元。之后又指导一家公司创造了超过4亿美元的年营业额，2011年60岁时再度退休。目前专注于投资，并为自己投资的《棕榈滩通讯》撰稿。

本文编译：乐为良

主要内容

广辟财源是致富关键

事实上，每个人都可以开辟额外的收入来源。你并不一定要有很好的人脉，也不需要特别聪明，只要你愿意多花点时间了解可能的选择，再多花一点时间和金钱去争取它们就可以。

想要拥有富有的未来，关键是认真务实地增加收入，而不是担心如何投资。简单地说，你的收入愈多，就能愈快累积丰厚存款和投资，也就愈能做好理财。不要像金融业期待的那样去追逐高报酬，而是要把你的力气集中投入到低风险且可创造收入的活动上。

如果你成功开辟了多元的收入来源，你可以靠一份收入生活，并把其他收入用于储蓄和投资。有愈多的额外收入来源，你就可以有愈好的选择。

关键思维

我是财务独立的强烈拥护者，不希望未来依赖任何人或机构来照顾我的家人或我自己。只有一个收入来源会让我感到非常害怕。不管原因是什么，万一那笔现金收入枯竭了，我必须确保还有其他现金收入可用。这就是我写这本书的原因：帮助你像我一样逐渐增加收入来源，实现财务独立。当然，所有的来源最好能稳定成长，而且最好在某些时候，每笔收入都能充分满足你的需求。到那时，即使遭遇两三次财务挫败，你依旧能维持财务独立。

——马克·摩根·福特

一　百万富翁的心态

拥有多元的收入来源对多数人来说是个奇怪的想法，却是致富的关键。有了多元的收入来源，你便可以把这些钱分配到3个桶：支出桶、储蓄桶和投资桶。收入才是致富的关键，而非投资。为自己开辟愈多额外的收入来源，就有愈多钱可以放入储蓄和投资桶，你也就会变得愈富有。

事实上，每个人都可以开辟额外的收入来源。只要你愿意在空闲时花点时间了解可能的选择，坚持下去，并投入一些创业资金和时间去实现它。不消几年，你便可以从几个来源获取现金，仅仅如此便能大大影响你未来的财务状况。

实现财务独立不必太复杂，实际上它非常

简单——你唯一需要的致富策略就是3个桶子策略。要让这个策略在财务上行得通，你必须先厘清“财务独立”对你的意义。这个字眼对不同的人有不同的意义，除非明确知道它代表什么，否则你就会像在黑暗中驾驶，完全不知道要往何处去。

要完全掌握未来的财务状况，你得算清楚3个数字：

（1）生活开销——你每个月需要多少钱才能维持想要的生活方式。包括居住、食物、医疗保健、教育、旅游、娱乐、慈善捐款等等。

（2）另起炉灶的老本——无论何种原因导致你失去一切，你需要多少钱才能重新开始。这笔钱将数倍于你每月的生活开销。你要决定自己需要多少资金才能重新起步，并将其设定为另起炉灶的老本。你要以现金、黄金、债券以及高度保守的房地产出租收入来保证这笔钱。

（3）开除老板的代价——简单说就是要存多

少钱去投资，才能让你觉得富有。用这样的方式替这笔钱命名是因为一旦投资到了这种级别，你就可以告诉你的老板“闪一边去”。开除老板的代价大概是你生活开销的13倍，因此，如果你将退休金稳妥投资且每年有7.5%的收益率，你就能支付日常生活所需，而不致坐吃山空。

简单来说，把钱放进3个桶——支出桶、储蓄桶和投资桶，用这种方式思考你的财务处境。财务独立就是：

◎每月收入都能装满支出桶。

◎储蓄桶的钱超过你另起炉灶的老本。

◎投资桶的钱比开除老板的代价还多。

这3个数字应该能激发你努力赚钱。多数人误以为迎头赶上的关键是从投资中获取更高的回报，因而承担不必要的风险。这完全是本末倒置。不要尝试用投资桶来填满另外2个桶，而是要努力开创各种来源增加现有收入。想要走上财务独立之路，得靠你的年收入而不是投资。

除了努力增加收入，在生活支出上也要做出明智之举。如果能把最大的财富支出项目如房屋、汽车、旅游和娱乐控制在最低限度，你就很有可能以有限的预算，过得像个百万富翁。一辆两万美元的车子和10倍价钱的车子一样，都能带你去想去的地方。住50万美元的房子和住贵10倍的房子也很可能一样快乐。生活开销愈低，就有愈多钱可以转移到储蓄桶和投资桶。

切勿忽视一个事实：如果目前的收入不足以实现你的致富目标，改进的方式是努力工作，创造更多收入。承担更多风险不会让你致富。重点应该放在每天尽力增加收入上，让自己一天比一天富有。换言之，就是创造多方面的被动和主动收入来源。

关键思维

如果下定决心去做，这套简单的系统肯定可行。正如我所说的，我用这套系统打造了超过

5000 万美元的净值。它对我和其他我知道的尝试过这一系统的人同样有效。你不必去试任何其他致富策略。这一系统万无一失，而且你也知道它行得通，不是吗？你知道它行得通，因为它是如此简单。它基于两项致富的基本规则：永远不赔钱和一天比一天更富有。

——马克·摩根·福特

你可以让支出桶大到足以享受现在的生活，或让它小到让你可以快速装满储蓄桶和投资桶。因为等你装满那两个桶时，你就不再需要为钱发愁。

——马克·摩根·福特

我用来赚进 5000 多万美元的理财系统很简单。高深的理财方案就像复杂的玩具，放在货架上看起来绝妙无比，但是当你使用它时，它就坏了，而且一旦坏了，就没法修理。

——马克·摩根·福特

二　11个增加额外收入的机会

11个增加额外收入的机会	1 购房出租	2 购房翻修转手出售	3 加入“《美国住宅法》第8条款计划”
4 卖出股票期权	5 从事个人出版	6 成为更有价值的员工	7 学会撰写文案
8 成为社交媒体顾问	9 出售素材图片	10 撰写企业对企业的推广文宣	11 打造网络事业

1. 购房出租

由于2010年前后美国房地产市场崩盘，某些房地产交易价格降到了令人难以置信的地步。房地产的销售价格只有4年前的60%～70%，而现在其价值正开始回升。

购房出租增加收入的原则是：

（1）总是在住家附近购房——你熟悉当地市场行情，清楚不同地段的特色。不要舍近求远去找便宜货，附近就有很多购房机会。

（2）总是寻找优质或是最新崛起的房地产——购买优质地段最便宜的房子或新兴地段较新的建筑。更好的做法是，如果你可以找几个人合作，在新兴社区买下几处产业同步翻新，便能提升整个社区的外观并提高每个人的房产价值。

无可否认，投资房地产成功的关键在于以理想的价格购得标的，但如果你与一群可靠的承包商——老练的师傅、水管工、电工、空调技师、优秀的油漆匠、可靠的园艺师等合作并建立良好关系，也大有帮助。告诉他们未来还有更多合作机会，让他们报个好价格给你。

购房出租的通则是购房总价（房价加上装修费用）不超过每年预期租金的9倍。到了该付财产税及维修费时，你投入的资金可以有约9%的回报，这算是相当合理的回报。然后你坐等房产升值，年收益率达到13%或14%就会令人十分满意。如果你的买价更低，获利便会更好。

先做好功课，投资前先熟悉你的市场，但务必要开始行动。

关键思维

如果你拥有不错的房子，将房地产出租是非常易于管理的创造额外收入的方式。在我兼职从事的工作中，房地产出租无疑是最好的一项，没有痛苦且有利可图。回想起来，好像没花多长时间，我就从房地产出租上获得足够的收入，让我退休无虞。

——马克·摩根·福特

2. 购房翻修转手出售

如果你能以低于市价的价格买到房子，通过购房、翻修和快速转手就可以赚到钱。想做到这

件事，你最好先认识几个房地产商或建筑企业，当大好机会出现时，它们就可以通知你。

明智的做法通常是从廉价房屋做起，并作好快速转手的准备。同样，有一组经常合作的承包商会很有帮助。请记住：

（1）下手购房之前，一定要先研究好地段。知道自己在做什么。

（2）寻找低于当地行情的房子，累积一些经验后再着手高价位的房子。

（3）要有快速翻修房子的计划，使你能尽快将其出售。动作要快。

（4）愿意且准备好把房子卖给第一位有意愿的买主，不要期待更好的价钱。如果有人表示有兴趣并想进一步交涉，就尽力促成这笔买卖。

购房翻修转手出售，提高获利的主要方法包括：

（1）买卖房子时瞻前顾后的人往往徒劳无功——找出你喜欢的地段，即使不是全部，也要准备好多买几户。这样一来，只要你抬高其中一户的价格，就能同时提高其他房产的价值。

（2）尽可能把目标区域设定在更好地段的旁边——试着让你的买主感觉好像是买在更好的地段，如此一来在你想要卖房时会有加分。

翻修后成功出售的关键是转手要迅速。因此，不要购买结构有重大问题的房子，因为那需要很长的时间才能解决。你要在90天或更短时间内完成买进与卖出。即使这意味着较少的利润。作好快速转售的计划，花些时间和金钱美化房子——如刷漆、造景和铺设地毯。在这些事情上进行简单的升级可以让房产价值飙升。

建筑商中很多人玩“音乐房游戏”。玩法是：他们在高价地段购置相对便宜的房子，整修后即将房子转卖出去。好比说，在平均70万美元的社区买到一栋55万美元的房子。他们搬进去并开始整修，整修时间通常为6个月到1年。他们并不是真住得起这种高价房子，但所有花费都可以算成成本。再加上他们是有计划的，当房子整修完毕，就会有买家上门。他们出售房子，获利 15 万美元。接着他们再以 75 万美元在平均 95 万美元的地段买下一栋房子。有人砸了大约 170 万美元买下一栋房子，这栋房子可以轻松卖到 270 万美元。他并没有告诉邻居房子要卖，但有两位房产中介商私下带人来看过房子。而这位仁兄 10 年前还住在 65000 美元的城市公寓。

3. 加入“《美国住宅法》第 8 条款计划”

1937 年通过的《美国住宅法》的第 8 条，帮助大约 310 万低收入家庭支付房租。它通过几种不同的方案进行，但最主要是住房租屋券计划。实际上，此项计划就是指美国政府会为第 8 条款住户支付一大部分租金和水电煤气费用。

也就是说，如果你提供第 8 条款住房，每月租金的一大部分将由政府承担。你只要联系当地第 8 条款住房权责机关，提供房子以供出租，其他工作就交由它去做。更好的是，因为租户的特性，你可以收取高于市场行情的租金。政府将担负80%的租金，并替你向房客收取其余的20%。政府会定期检查房屋状况，确保屋况保持良好，从而为你省下付给物业的6%～10%的物业费。

让联邦政府替你管理物业其实不错，而且只要有人搬走，它还会帮你找到下一个房客——它会从名单中找到等待租房的人。当你把第8条款住房计划的好处加起来，一年省下或多赚5000～7000美元的额外收入并非不可能。如果你有10～20套房子加入这个计划，收入加起来就很可观。

关键思维

房主和租户必须遵守严格的规范才有资格参与此项计划。想要参加，请与当地权责部门联系，它会回答你所有的疑问。这是你第一次与第8条款打交道，但可以十分肯定这绝不会是最后一次。我只要看看名下的房产，就能找出20个可能符合资格的房产。这20个房产可能带来的

收入可是笔大数目。难怪我认识的一些最富有的人，在棕榈滩县悄悄做了很多年这档事。

——马克·摩根·福特

4. 卖出股票期权

虽然人们普遍认为靠买卖股票期权来赚钱是高风险的做法，但有个低风险的方式可以做到这点。做法是：

（1）找到一家非常牢靠的公司，它可以被当之无愧地称为“世界上最好的公司之一”。寻找有下列条件的公司：

◎制作的产品永远不会过时。

◎拥有强势品牌。

◎发给丰厚股利。

◎很少或没有债务。

◎经营全球性业务。

◎管理团队作风保守。

◎每年可以创造数十亿美元的额外现金收入。

（2）卖掉以低于目前市价25%的价格购买股票的权利，然后把卖掉该期权赚来的钱放进口袋。

就这么简单！唯一的风险是，市场大幅起伏，股价可能跌到你必须购买标的股票的程度。但如果出现这种情况，你买进的价格将是当时市价的75%。现金充裕的公司会发放股利，你可以用较低的价格挂出求售，应该很快就能卖掉。

这就是许多专业投资人使用多年的累积财富的交易策略。它相当安全，几乎就像吃定了交易系统。你冒最低的风险赚得现金，即使发生了最坏的情况，你仍旧立于不败之地。

买入期权通常非常危险，但卖出期权则完全不同。几个世纪以来，深知内情的银行家和超级富豪精英一直利用这个秘密降低风险。专业投资人使用期权的方式，就是期权该被使用的方式：当市场对他们不利时，专业投资人将期权作为一种保护自己投资组合的方式。

那么，为什么一般投资人不使用这种策略，

进而使它失效呢？一提到期权，多数投资人认为，他们可以通过购买期权赚钱。他们冒着巨大风险，希望得到巨大回报。芝加哥商品交易所最近的一项研究指出，购买期权的投资人平均76%的时间在赔钱。而卖出期权，则可以让你置身于另一边。

汤姆·戴森指出，世界愈是不确定，就有愈多投资人希望买进期权。毕竟，期权让你有权选择买卖股票，而不必拥有股票本身。愈多人想买期权，期权价格就会愈发跟着上涨。这当然是基本的供需原理。对于买方来说这不是一件好事，因为这代表他们要付出更高代价买进这种权利；但对于卖方（也就是我们），则代表你有机会从一开始就赚到更多钱。

注意，要想让这种策略行得通，你一定得在波动、恐惧和贪婪交织混合的市场区隔卖出期权。要让你卖出的期权交易成功并为你带来收入，市场上其他投资人必须愿意付钱购买你远低于市场价格所带来的安全性。实际上，大约80%的时间，你喊出的低价转让不会成交。幸运的是，有另外20%的时间你会赚到够多的钱，使之成为一份稳当的收入来源。

关键思维

在低回报高波动的环境下，该策略可以提高回报并降低风险。天下没有白吃的午餐，但就这件事而言，午餐的代价只不过是采取主动而已。

——史蒂芬·萨维奇

资产管理公司执行合伙人

这种策略可以在任何市场创造收入并获取丰硕回报。

——杰夫·奥普戴克，财经记者

期权毫无疑问是世界上最容易受到误解，同时也是运用得最糟的金融工具。

——约瑟夫·胡珀，前经纪人和银行家

5. 从事个人出版

个人出版就是用自己选择的方式贩售信息产品，包括DVD、培训计划、通讯、小册子、食谱、日历、研究报告、教学课程、数字信息产品——几乎无所不包。信息市场仅在美国就是超过5万亿美元的产业，也是成长最快的产业之一。

个人出版业者想要拥有每年20万到30万美元的平均收入并非不可能的事。如果有办法提出畅销方案，还有突破百万美元大关的潜力。个人出版的优势在于：可以靠之前出版的产品持续产生收入；拥有工作上的弹性；可以选择自己感兴趣的主题；如果能投入更多时间和努力，还会有更多向上发展的潜力。

要开发一个成功的信息产品，你必须回答7个问题：

（1）你的点子有趣吗？

如果你有个信息产品能与生活的某个层面息息相关，你就有了黏着度。如果你拥有流行产品，推广就更容易。

（2）你的点子合乎道德和法律吗？

违背道德或触犯法律的信息产品一点用处都没有。你想到的点子必须在法律范围内运作才能持续生存。

（3）你的点子有吸引力吗？

除非点子能吸引首次购买者，否则你将无法建立任何势头。你需要一些东西，让潜在买家放下一切，阅读你的推销信件并下单购买。

（4）你卖的点子可用吗？

除非你的信息产品能让使用者派上用场并给他们带来价值，否则它将无法持续下去。你必须创造价值，而不仅仅是带来娱乐。

（5）你的点子容易理解吗？

最先购买产品的人必须了解你在提供什么，否则他们不会考虑再买。这是个问题，重复购买是庞大利润所在，因为你不必再花营销费用。

（6）你的点子适时吗？

你提供的点子和信息必须是当前的流行话题并符合大众的想法和做法。你必须不断求新求变，保持产品新鲜度。

（7）你的点子能卖钱吗？

营销是多数信息产品成败的关键。要做好营销，你得通过负担得起的方式联系到一小部分对你提供的东西感兴趣的人。你必须专注于利基市场，以经济高效的方式联系到顾客。

6. 成为更有价值的员工

如果你只是一般员工，期待每年加薪 3.5% 并不为过。反之，如果你表现杰出，每年工资就有可能增加 5%，每年多出来 1.5%。整个职业生涯算下来，相当于把额外的 120 万美元装进口袋，这会造成靠食物配给度日与完美的退休生活的差别。拟出一套牢靠的策略，让自己对雇主更有价值，并获得相应的回报。

事实上，你何不设定目标，在未来 12 个月里加薪至少 10% 呢？你可以照着以下方式去做：

（1）重整你的工作内容——脱离每天的例行公事，多做能让公司长期获利的事情。要能让人一眼看清你做的事与公司盈利之间的关系。对自己作出承诺，6个月后你要成为部门内最有价值的员工。

（2）列出清单——列出目前你对老板具有价值的地方。

（3）接着列出第二份清单——把所有能带来价值但还没去做的事逐一列出。把第二份清单放在手边，随时把想到的可以强化个人价值的新方法加进去。

（4）当胜任新的职务后，要求老板委派更多任务给你——设定几个月后，你将提高责任层级。找出老板讨厌做的事，请他把这些事交给你。每天提供出老板最重视的报告，让自己成为不可或缺的人。

（5）保持谦卑但接受应有的功劳——务必让老板注意到你是使命必达的人。别忘了用自己的方式称赞一路上帮助你的人。

（6）建立人脉网络——和公司其他人建立关系，和业界人士也一样。与职位较高的人建立稳定的工作关系，并请他们指导和分享见解。主动帮助他们，即使这意味着要在下班后多做几个小时的项目。试着建立人脉，让大家把你当作后起之秀。你可能惊喜地发现正有人准备高薪挖你过去替他工作。他可能愿意以超过你目前薪资 10% 的待遇请你跳槽。

（7）一旦你对公司拥有扎实的贡献记录并持续增加你的责任，就和老板碰个面，直接提出加薪 10% 的要求。如果你对业务有明显贡献，老板快速作出决定并不困难。

关键思维

现在就要养成替自己加薪 10% 的习惯，这也是未来帮助你薪水涨 2 倍或 3 倍的习惯。超级明星员工并不是把 100 件事做得比别人更好。

他们通常只做几件事，然后利用这些技能到达事业的顶端。

——马克·摩根·福特

7. 学会撰写文案

另一种增加收入的方式是成为文案高手——完成直销的材料，让公司用来推销产品或服务。直销是个每年在全球有 2.3 万亿美元的产业，如果你学会让人采取行动的秘诀，就有望得到丰厚收入。

撰写文案的绝佳优点在于它的弹性：

◎你可以在家或其他任何地方工作。

◎你自己决定接受或拒绝委托。

◎你可以想住哪里就住哪里，想在哪里工作就在哪里工作。

◎没有正式的学历经验要求。

◎你只需要一台电脑和网络。

撰写文案的好处是即使经济衰退，公司仍要设法出售产品和服务。如果你擅长让潜在客户掏腰包购买产品，你的才能就十分抢手。公司请你当特约写手的花费一定低于聘你为全职员工的花费，所以总是会有很多项目等你去接。

要如何学会撰写文案呢？网络上有许多不错的培训课程，但事实上，你只要做到5件事，就能学会撰写文案：

（1）每天读一份直销广告并设法把它改得更好。

（2）尽可能找一切有关营销的东西来阅读并尽量吸收。

（3）一天到晚喂食大脑，因为信息是所有创意之源。

（4）开始模仿你喜欢的营销素材。一开始是全面借鉴，有了信心后，开始调整并改善内容。

（5）找一位导师帮助你避开陷阱并给你意见。联系直销协会，找到顶尖的文案高手，免费替他们工作以换取经验。你可能因此学到无价之宝。

8. 成为社交媒体顾问

几乎各行各业中的每家公司都计划在未来加强社交媒体的运用，但极少有公司掌握这项工作所需要的工具。这个简单的状态表明一个事实：社交媒体咨询是目前自由工作者最大的机会，而且很可能会持续好几年。这个大好机会包括：

（1）指导企业为自己进行社交媒体营销，并协助它们开始营销。

（2）替各种规模的企业开发可行的社交媒体策略。

（3）提供从头到尾的完整服务，替一家公司维持社交媒体运作。

公司已经使用社交媒体来：

◎吸引新客户。

◎与既有客户保持联系。

◎在市场上制造话题。

◎把影片和其他素材推送到潜在客户面前。

◎吸引流量。

◎解决目前客户关注的问题。

◎整合社交媒体宣传，形成完整营销组合。

社交媒体顾问目前每小时收费 150 ~ 300 美元，负责提供社交媒体策略。如果你提供“替你做”服务，每个月可收取 2500 ~ 12000 美元的费用，视提供的服务水准而定。许多社交媒体顾问每天收取 1 万美元来进行现场指导和课程培训，因而大发横财。社交媒体广告已突破一年 20 亿美元大关，预测未来几年里该产业仍会强势成长。

总体来说，社交媒体已经发展壮大，在未来也必然会发展得更好。几乎每个商界人士都希望能使用社交媒体。如果你将自己定位成此领域的专家，肯定不会错。

9. 出售素材图片

虽然对于多数人来说，度假是花钱的时候，往往花费还超过预算，但媒体记者贾森 · 贺里指出有个旅行兼赚钱的方法，足以支付你的旅行费用，而且不牺牲旅游乐趣。贾森·贺兰讲到，雪莉·佩里以素材图片摄影师的身份游遍世界各地，她最喜欢的地方就是巴黎。每次前往巴黎，她都会去咖啡馆，享受丰盛美食，并且总是花很长的时间步行穿梭于这个美丽的城市。和多数游客一样，她在旅途中拍照。但是她没有把它们发表到社交媒体或向亲友炫耀，而是一回家，就把照片卖给素材图片网站。

每年光是刊登在美国印刷媒体上的照片就超过 600 万张，其中有一大部分是网上图片代理机构销售的素材图片。每个人都可以将图片上传给代理机构，不分业余爱好者还是专业人士，每当有人购买或使用该图片，上传人就可以分得 1~15 美元的酬劳。

根据以往经验，多数摄影师每张图片每个月平均能赚到 1 美元。这代表如果你每周上传 10 张照片，一年就能获得 6000 美元的被动收入。每周持续上传 20 张图片，每年就会有大约 12000

美元的进账。只需两个步骤就能开始：

（1）查看网上图片代理机构网站目录，了解目前哪类图片卖得不错——找出常见主题以及有趣主题。

（2）拿出相机出去拍照——拍摄许多照片，再把最好的图像上传到图片代理机构网站。采用不同背景拍摄相同主题也可以，只要记住把相机设定在最高分辨率，或尽可能拍摄最大尺寸的图片。持续拍摄更多照片，拍出人们想要的图像。

10. 撰写企业对企业的推广文宣

每年美国的公司大概花费 850 亿美元向其他企业推销它们的产品和服务。大约有超过 500 万家公司专门开发企业对企业的推广文宣，通常包括漂亮的图案、产品说明以及促销文案。如果你懂得如何说服企业进行采购并了解如何以精确、内容充实和具说服力的方式来解释产品，你永远不会没工作。

常有人误以为只有技术人员才能把企业对企

业的推广文宣写好，事实并非如此。即使对技术领域不够熟悉，你仍可以做出广告页、网站文案和电视广告脚本。大多数企业对企业的产品和服务并非高科技。只要你知道如何说服别人，撰写和开发材料可以带给你非常高的报酬。

会聘请文案高手帮它们开发营销材料的公司类别横跨所有行业，包括：

◎金融服务业。

◎顾问公司。

◎活动策划。

◎法律服务。

◎猎头公司。

◎商务旅行服务。

◎研讨会承办公司。

◎专业及贸易刊物。

◎专业业务代理商。

◎广告及营销公司。

◎办公用品供应商和家具公司。

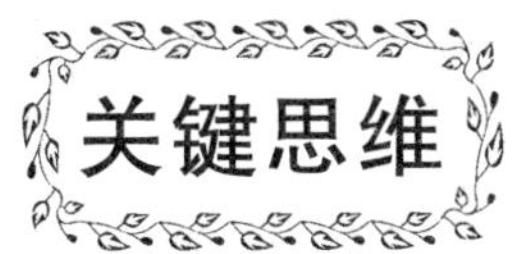

关键思维

许多文案写手开创了令人羡慕的事业，而且撰写内容和科技一点关系都没有。我认识一位写手，擅长替专业服务公司如律师事务所、顾问公司和高级主管培训撰写电子通讯。他在企业对企业的市场里发展顺利，在利基市场里独占鳌头，而且很少看到他查技术用语词典！

——史蒂夫·史朗怀特，营销教练

11. 打造网络事业

如果你能拥有一份小巧但利润丰厚的网络事业，它就可以带给你额外收入。如果你运气好，它甚至可能高于你白天的正职收入，同时替你开创一些不错的选择。方法如下：

（1）打开电脑，根据你感兴趣且了解的主题，寻找销售相关书籍以及提供咨询服务和网上研究报告的商家。大约花30分钟。

（2）在其中找出10家左右正在迅速成长的商家——大概不超过30分钟。

（3）查看这些正在成长的公司的网站，选出你最喜欢的一家。大概需要3~4小时。

（4）列出文案工作者名单，寻找擅长方向与你设定的目标公司相同的文案高手。和他们达成交易，请他们写一份该领域的完整报告以及推销这份报告的文案。大约要1小时。

（5）当你聘请的文案高手在忙的同时，自行上网寻找吸引潜在客户的最佳地点。利用免费和易于上手的软件，很容易做到这件事。大约花30分钟。

（6）广告文案完成后，让文案写手替你的免费报告制作6个小广告，从而吸引潜在买家上你的网站查询信息。

（7）使用这些广告吸引流量到你的网站，当访客登录索取免费报告时，争取他们的许可，直接向他们推销其他产品。这项程序可以自动处

理，几乎不花时间。

（8）开始替完整报告和免费提供的信息做广告——静候被免费内容吸引来的人，把他们转换成付费顾客并提供更深入的素材。

关键是在4~5天之内，你可以展开网络业务的运作。大约30~60天左右，你就可以全面运作并开始赚钱。在这之后，业务几乎可以自行成长，你只要在正职工作之外拨出一点时间即可。

按此计划行事，你将拥有自由、目标以及当老板的乐趣。除了现有的收入，你还可以创造第二份收入——这足以让你在一两年后退休。感谢网络，它是最简单（也最便宜）的开启兼职业务的方式。

如果每天投入约1小时为网上业务编写和制作更多销售素材，你的收入将继续增长。还有许多方法可以让你利用网站赚得收入，主要的4种方法是：

（1）你可以在网站上加进广告，当人们点击这些广告时，你就可以赚钱。

（2）你可以卖广告给其他想要接触你网站访客的公司。

（3）你可以通过销售其他人的产品来赚取佣金。

（4）你可以销售自己的产品——也许是一本电子书，其内容包含网站主题的详细资料。

所有这些收入来源加在一起，便可以为你创造可观的收入。

三　如何马上采取行动

要让额外收入成真，不必等到胸有成竹才动手——这种状况可能永远不会发生。只要有心做到两件简单的事，你就会成功：一是愿意比竞争对手更努力工作，二是快速模仿你佩服的成功者的行为。

有些人认为，你若没有与生俱来的、能在事业上大展宏图的天赋，做什么都没用。尽管这个想法听起来有点道理，但事实是没有任何事情可以不劳而获。如果能比任何竞争对手更努力地工作并不断模仿成功者的行为，你就会出人头地。

有几件事可以一路协助你：

（1）永远把失败当作学习机会——允许自己和工作伙伴失败，特别是在学习阶段。高明的公司会鼓励员工拿出点子在市场上进行快速且低成本的测试。它们知道尽早失败有助于获得最后的成功。这个道理对个人事业也同样适用。如果想达成非凡的成就，你必须愿意接受一次又一次的失败。失败速度愈快，就能愈快地找到可行的新点子。把早期的失败当作一开始最重要的学习经验。

正如篮球教练里克·平托所言:“失败是好事，可以当作肥料。我在教练方面学到的一切，都是从犯错中学来的。”

（2）脑袋里随时要有备用方案，即事情发展不如预期时会采取的做法。备用方案不会影响结果，但会让你在负面情况发生时，在心理上作好准备。如果你的备用方案依旧积极地迈往正确的方向，你会觉得更加自信，对一切少点担忧。

（3）提醒自己，事物的价值和人们愿意为它付出的代价经常不成正比，但这不过是人类天生的怪癖。谨记别花太多时间去追求只有短暂价值的目标。与其花钱追逐热门股票的小道消息，不

如花时间学习历久不衰的制胜策略。用正确的观点看待你的生活和事业。

（4）不要尝试通过追逐下一波趋势来致富，而应设法了解影响社会的更大的商业趋势。观察成功致富人士如何通过跟上那些趋势来获利，以同样的方式运用你的时间和金钱。这要比设法获取内部消息更加有效。

（5）请记住，所有事业的发展进程大致相同——每个发展阶段都少不了。每个阶段也都有特定的问题、挑战和机遇。如果你有一份渴望扩展的事业，就要花点时间去了解你目前的挑战，以及如何充分利用这些挑战进入下一个阶段。

（6）做你懂的事——永远不要投资你不了解的事业或产业。不论机会看起来多棒，就是不要碰。如果对某个产业没有实践经验，你就很有可能作出错误决定。

（7）拥有百万富翁的心态——像史上那些伟大的致富者一样看待一切：

◎不懂别装懂，要不断提问，谦卑学习，因为知识就是力量。

◎看到新事物，不要先想“我要怎么得到它”而是问“我要怎么做出类似甚至更好的东西”。

◎不要成天空想，要脚踏实地。

◎面对挑战时，不要列出所有可能失败的理由。努力从各种角度去检视，直到清楚看见可能的成功之道。

◎拥抱而不是抗拒改变，期待改革带来的机会。

◎不要安于现状。下定决心帮助大家找到改善的方法。

◎对外部事件不要只是被动回应，要主动出击。

◎不要把成功人士的成就归功于运气。设法了解他们做对了什么，你要如何做到同样的事。

◎要生活得像个百万富翁，快乐享受时不要亏待自己。

如果你能采取行动并且不断犯错，你就可以累积经验。这些经验最后会带给你能耐，同时让你减少犯错。因为犯错的可能减少了，你就不会再因恐惧而显得无力。但整个过程还是要从行动开始。

——约翰·麦斯威尔，知名领导学专家

有人看到路边的常青树，觉得很漂亮。另一人看到相同的树却心想："这些树在圣诞节时摆在人们家中看起来肯定很不错，不知道他们愿意花多少钱买？"前者是一般人的想法，后者则是生财致富的脑袋。

——马克·摩根·福特

创造“薪”外收入，提早财务自由

文 / 林奇芬

投资不是通往财富唯一的道路，增加收入才是致富的关键。不断从寻找多元收入中，持续开发自己的无限潜能，为自己创造不一样的人生，这才是脱离财富焦虑症最有效的药方。

受 2008 年金融危机影响，在台湾不管是富翁还是升斗小民，人们的财富受到冲击并大幅缩水，人生似乎充满了灰暗的色彩。在此时刻，马克·摩根·福特还是乐观地告诉大家，只要用对方法，每个人都可以打败财富焦虑症，赢得富足人生。

摆脱财富焦虑，提早达成财务自由，这是许多人心中的梦。我长期在财经媒体工作，主要任务就是寻找成功案例，为芸芸众生找出可供学习的成功之路。过去我们总鼓励上班族认真工作、创造职场价值，好像这样自然可以创造收入成长空间。但面对目前环境，光是这样其实不够。其次，我们鼓励大家要重视理财，妥善规划收支、合理配置资产，但兢兢业业地储蓄敌不过一次金融危机，投资理财也有相当高的不确定性与风险。

1. 薪水之外，应该创造多元收入

马克·摩根·福特则提出第3种方向：创造更多元的收入。他主张投资不是通往财富唯一的道路，增加收入才是致富的关键。他说，每个人的收入都会分成3个桶，分别是支出桶、储蓄桶、投资桶。唯有为自己创造更多收入来源，才能让储蓄桶与投资桶变大，才有机会提早致富。

一般人熟知的收支公式是：收入－支出＝储蓄。但是，生活中总有各种花费需求，在支出优先的情况下，储蓄总是困难重重，这也是大部分上班族总是存不了钱的原因。

过去几年在投资理财教育推动下，出现了一

个新主张：收入－储蓄＝支出，建议上班族从薪水中先进行固定储蓄与投资，剩下的才是可以花费的部分。通过强迫储蓄和降低消费，可有效累积财富，只是在执行过程中，大家总要经历控制欲望的天人交战。

马克·摩根·福特提出了更为积极的做法：扩大收入＋控制支出＝增加储蓄和投资。他认为，不断地为自己开发各种收入的可能，让投资桶与储蓄桶持续变大，才是创造财富更有效的方法。他提出11种创造财富的方法，列出了具体的做法，可为薪水成长有限或想尝试多元发展的上班族提供另一个思考与行动的方向。例如他主张，可以撰写文案、钻研社交媒体营销、投资房地产、出售股票期权、销售自己创作的各种文字、图片及网络创业等。也许很多平常看似不起眼的想法或是产品，通过认真的研究开发，有机会成为另一个创造收入的机会。

2. 从个人兴趣或专长找收入来源

其实，这样的收入机会无所不在，只看个人是否愿意用心发掘。我有一个朋友，因为很喜欢捏泥人，每天下班后就钻进自己的黏土世界中玩得不亦乐乎。在朋友生日时，她就会很开心地捏一个独家产品送给朋友，每个收到礼物的人都很喜欢。后来不断有朋友问她，为什么不销售这些独一无二的产品？也有一些人问她是否愿意开班授徒。在朋友的推动下，她不仅在网络上开了一个小小的商店，周末还在社区美术教室教小朋友捏泥人。目前她凭借兴趣创造的收入，几乎可抵得上她上班收入的一半。

另外，有一个朋友的英文写作能力很强。他本来只是帮朋友处理工作上遇到的英文书信，后来被聘为特约英文撰稿人，只要有相关的英文文书都请他处理。经过一些朋友辗转介绍，目前他已经跟几家企业固定合作，有稳定的业余收入。此外，他还主动向出版社争取翻译机会，先试着翻译了几本书，后来成为固定的合作译者。英文能力成为他创造第二份收入的利器。

每个人的才能与专长不同，不需要受限于作者提出的 11 种方法，而是应该仔细想想自己的特长与资源，这样你总有机会找出创造收入的好方法。

3. 网络时代来临，多样化商机百花齐放

未来是网络世界，人人都有机会通过网络平台创造价值或是销售商品，网络时代提供了让个人发光并创造收入的舞台。

例如作者认为人们可以从事个人出版事业，举凡书籍、食谱、研究报告、教学课程、培训计划、数字信息产品等，只要点子新颖有趣，对别人有帮助，就有可能通过网络的宣传与销售获得一些商机。

例如，在投资理财领域内，有几位非金融专业的博主，因为长期在博客上写作并累积人气，后来作品成为畅销书，为自己与出版社创造了商机。

除了经营内容并开设网络商店之外，网络营销和社交媒体营销也是一个商机趋势。

4. 金融资产收入，需要较高资金与技术门槛

作者提出的方法中有三项与房地产有关，一是出租房屋，赚取稳定的房租收入，二是当投资客，买入房地产经过适度的整理之后再卖出获利，三是善用美国对低收入家庭的房租补贴政策，赚取房租收入。

随着一个国家经济的发展，房地产价值水涨船高，因此，不管在全球哪个角落，房地产一直是富豪的最爱。不过，房地产也有波动，当房市过热、房地产供给过剩时，就会有价格下跌的压力，以美国2008年发生的次贷风暴为例，就可看出房地产投资也是有风险的。

另外，书中提到以“卖出期权”来赚取权利金收入的方式，这属于金融投资的一环，需要相当的专业能力，由于期权有到期日，而且价格上下波动剧烈，一般上班族不太容易操作。即使专业人士，大多也将其用于避险或套利交易，这种投资需要较高的专业技术门槛，投资人要花时间去深入了解。

5. 不只创造收入，更要创造附加价值

我相当认同作者所说的每个人应该为自己创造多元收入。以我个人为例，因为工作需要，经常要在外演讲或参加录像访谈节目，此外我也从事写作。这些经历不仅使我积累了经验，更成为了持续的收入来源。另外，因为长期从事理财教育与信息分享，我对投资理财的专业知识也进行了关注，因此金融投资收益也成为我的长期收入来源之一。

我鼓励年轻人与每位上班族都认真思考如何创造薪水之外的另一份收入。不仅为了增加收入，更为了提高个人附加价值。不管是发挥个人专长、满足个人兴趣，还是学习投资理财技能，我们都能从寻找多元收入的过程中，持续开发自己的无限潜能，为自己创造不一样的人生。而这才是脱离财富焦虑症最有效的药方。

作者简介

林奇芬，历任 Money 钱杂志社社长、Smart 智富杂志社社长兼总编辑，长期推动理财知识普及，希望用简单易学的语言，让每个人学会管理自己的财富人生。